Das München Album

Das München Album

Zwischen Wirtschaftswunder und Studentenrevolte

herausgegeben von Gerd Holzheimer
und Katja Sebald

Volk Verlag München

Eine Gebrauchsanweisung für dieses Buch

Man stelle sich vor, jemand räumt den Speicher eines alten Hauses auf und findet eine Schachtel mit Fotografien.

Diese fiktive Person wischt sich ein paar Spinnweben aus dem Gesicht, hebt den staubigen Deckel an, beginnt zu stöbern. Die ältesten, schon ein wenig verblassten Bilder zeigen das zerstörte München in der Zeit unmittelbar nach dem Zweiten Weltkrieg, manche von ihnen sind offensichtlich direkt von einem amerikanischen Panzer aus aufgenommen worden. Zu sehen ist eine öde, graue Ruinenlandschaft am Ende der großen Katastrophe.

Und dann, so scheint es, kehren langsam die Farben zurück – auch wenn die Bilder aus den fünfziger Jahren immer noch größtenteils in Schwarz-Weiß aufgenommen wurden. Die Menschen sehnen sich nach Leben, nach Normalität, nach ein bisschen Glück. Sie feiern Fasching zwischen den Trümmern, sie gehen wieder aufs Oktoberfest und flanieren zwischen den Marktständen auf der Auer Dult.

Bereits wenige Jahre nach Kriegsende boomt die westdeutsche Wirtschaft wieder. Eine neue Zeit bricht an und der Alltag der Menschen verändert sich von Grund auf. Das Wort Freizeit wird erfunden. Man speist Hawaii-Toast und macht kleine Reisen oder wenigstens Ausflüge. Man bestaunt die schöne neue Welt der Technik. Autos und Trambahnen fahren über den Stachus, durch die Kaufinger Straße, über den Marienplatz, vorbei an der Theatinerkirche. Auf dem Odeonsplatz finden Filmaufnahmen statt. Unter gestreiften Sonnenschirmen kann man direkt am Rollfeld des Münchner Flughafens Kaffee trinken. Man fotografiert jetzt in Farbe. Die Röcke der Damen sind weit und beschwingt, die Autos elegant. Das Leben ist endlich wieder bunt und schön.

Und dann gehen die Studenten auf die Straße und protestieren gegen das „Establishment". Lange Haare und Bärte, Folklore-Kleider und Sonnenbrillen, laute Musik und skandalöse Beatschuppen, Sitzstreiks und Demonstrationen stören die Biederkeit der Wirtschaftswunderjahre – wieder brechen neue Zeiten an und es sind wilde Zeiten. Wieder verändert sich München.

Während überall die Straßen für den Bau der S-Bahn aufgerissen und hernach die ersten Fußgängerzonen angelegt werden, entsteht draußen vor der Stadt auf den Schuttbergen des Krieges einer der spektakulärsten Stadionbauten des 20.Jahrhunderts, rund um den Fernsehturm, wie er damals noch heißt, wird eine moderne Parklandschaft für die Olympiade von 1972 angelegt – es sollen „heitere Spiele" werden und „Spiele im Grünen". Das Olympiastadion von Günter Behnisch wird zum Symbol für das „demokratische Bauen". München ist jetzt „Deutschlands heimliche Hauptstadt".

Unser fiktiver Finder hat nun die ganze Fotoschachtel leergeräumt und alle Bilder vor sich ausgebreitet. Wir wissen nicht genau, wie alt er ist. Vielleicht erinnert er sich jetzt an seine eigene Kindheit zwischen Ruinen, an den ersten Kaugummi, den er von einem amerikanischen Soldaten bekommen hat, an das erste Eis, den ersten Kinobesuch. Oder er denkt an seine Jugend in einer Neubauwohnung, an das erste Moped, an Nachmittage im Freibad, an die Beatles. Er lässt seine Studentenzeit Revue passieren. Die erste Freundin, die zweite und die dritte. Das verrostete Auto, die Partys. Halbstarke, Petticoat, Beatmusik. Kubakrise, Vietnamkrieg, Mondlandung. Happening, Sit-in, Farbfernsehen. Fast vergessene, aber immer noch magische Wörter werden in seinem Kopf aufgewirbelt. Er beginnt, ein Album zu kleben.

Dieses München-Album, dem ein „Erinnerungs-Tagebuch" von Gerd Holzheimer zur Seite gestellt ist, lädt zu einer Zeitreise in die turbulenten Jahre zwischen Wirtschaftswunder und Studentenrevolte ein. Es ist ein erfundenes Album, alles andere als eine historische Dokumentation und alles andere als vollständig. Unterschiedlichste Bilder sind hier versammelt, einige davon zweifelsohne mit dokumentarischem Wert. Sie sind aus der Perspektive des Jahres 2015 arrangiert

- als sentimentale Erinnerung an Münchner Taubenmutterl und Trambahnschaffner, an Behelfsbauten und gelbe Telefonzellen, an die Wiesn, als sie noch den Münchnern gehörte, und an die Leopoldstraße, als sie noch legendär war. An den Mythos Schellingstraße, an den Dackel Waldi und an die große Münchner Freiheit.

Vielleicht macht Ihnen das Blättern in diesem Buch Lust, selbst einmal auf den Speicher zu steigen und nach der alten Fotokiste zu suchen. Und vielleicht wirbelt es ja auch in Ihrem Kopf magische Wörter und Bilder auf.

Katja Sebald

Wie werde ich Achtundsechziger?
Ein Erinnerungs-Tagebuch

Dieses Tagebuch ist kein mitgeschriebenes, sondern ein erinnertes, das sich auf authentisches Material stützt, teils im Kopf, teils in Kalendern aufbewahrt. Es ist gewiss ein Luxus in einer Zeit, in einer Welt, in der enthauptet und verstümmelt wird, sich vergleichsweise auf einer Insel der Seligen zu vergewissern, was sich ereignet hat. Darf man das, darf man sich solchen Luxus leisten? Man darf. Man darf, wenn man sich nicht als Nabel der Welt versteht. Der Nabel der Welt ist nirgends. Der Nabel der Welt ist überall. Überall da, wo eine Geschichte passiert, wo sie geschrieben steht, ein Bild zu sehen ist. Jeder hat seine eigenen Geschichten. Jede Zeit hat ihre Geschichte. Alle Geschichte ist stets auch zugleich persönliche Geschichte, wo immer sie stattfinden mag.

Familienplanung

Für jemanden, der gerne ein 68er werden wollte, ist es günstig, wenn er Gelegenheit finden konnte, so um die Mitte des letzten Jahrhunderts auf die Erde zu kommen. Nicht viel früher, denn „Kriegskinder" teilten überwiegend die Wirtschaftswunder-Mentalität ihrer Vorgänger-Generation, während spät in den Fünzigern geboren zu werden, bedeuten konnte, dass der 68er Zug schon abgefahren war – oder, noch schlimmer, man schon vom Gegenzug erfasst wurde.

Nach meiner Mutter wenn es gegangen wäre, wäre ich in Prag gezeugt worden, allerdings viel früher. Mein Vater war schon dort, auf der Schule für Offiziersanwärter, und meine Mutter hatte sich eine Sondergenehmigung erschwindelt, ins besetzte Prag zu fahren, mit dem Zug, allein, als Frau. Ausgestattet mit einem Durchlassschein des Polizeipräsidiums München für das Protektorat Böhmen und Mähren, mit Stempel vom 21. Mai 1943. Vom Polizeipräsidium her hätte es keinen bürokratischen Einwand gegen meinen Wechsel aus dem Kosmos auf die Erde gegeben, da ist die Polizei ganz kulant. Ein neuer Mensch ist für sie immer gut, denn ein neuer Mensch wird entweder Polizist oder er wird nicht Polizist, und wenn er nicht Polizist wird, gibt er der Polizei Arbeit.

In der Nähe von Hof wurde der Zug allerdings bombardiert, und entsetzt, als könnte noch im Nachhinein meine Existenz nicht nur in Frage gestellt, sondern eventuell sogar rückgängig gemacht werden, unterbreche ich die Erzählung meiner Mutter: „Und was passiert, wenn ein Zug bombardiert wird?“ „Er bleibt stehen.“ „Wer?“ „Der Zug.“ „Und dann?“ „Dann sind wir in den Wald gerannt!“ „Und dann?“ „Wie sie mit dem Bombardieren fertig gewesen sind, sind wir wieder eingestiegen.“ „Und dann?“ „Dann hat der Zug keine Scheiben mehr gehabt.“ „Das war alles?“ „Das war alles, nur durch die offenen Fenster hat es gezogen bis Prag.“ „Und dann?“

Dann war kein Heinrich am Bahnsteig, weil der Zug sechs Stunden Verspätung gehabt hat, aber die hätte er auch mit Scheiben gehabt. Ein Heinrich, ihr Heinrich, wartet nicht sechs Stunden am Bahnsteig in Prag, er hasst Unpünktlichkeit. Unpünktlichkeit ist etwas Russisches. „Und dann?“ Dann hat sie sich ein Hotel gesucht, allein, als Frau, mitten in der Nacht, im fremden, besetzten Prag. Geht ein, zwei, drei Straßen ums Eck und landet in der Na Poříčí, Nummer neun, Hotel Atlantic, Nachbarhaus der Arbeiterversicherungsanstalt, in der Franz Kafka Angestellter war, so lange er am Leben war, oder fast. Und versuchte, Unfälle nicht nur zu registrieren, sondern auch zu verhüten, ein Verhütungsingenieur sozusagen. „Ohne Vorfahren, ohne Ehe, ohne Nachkommen“, schreibt Kafka an Felice, mit der er sich verlobt hat und dann wieder entlobt und dann noch einmal verlobt und dann noch einmal entlobt, „aber mit wilder Vorfahrens-, Ehe- und Nachkommenslust“, doch ist alles viel zu weit weg für ihn. Schafft sich „künstlichen, kümmerlichen Ersatz“, geht aber an der Trostlosigkeit des Ersatzes zugrunde.

Als wäre die Ferne der Lust oder die Lust auf die Ferne auf meinen Vater übergegangen, sagt er zu meiner Mutter, als er sie schließlich doch noch findet, im Hotel Atlantic, dass ein Kind nicht in Frage kommt, jetzt, wo es gegen Russland geht. Dann steht sie mit einem Kind da, und er kommt nicht zurück. Zur Bekräftigung zieht er eine Landkarte heraus und zeigt meiner Mutter, als wüsste sie nicht, wie groß Russland ist, wie groß Russland ist. Eine Landkarte von Russland: die seltsamste Verhütungsmethode der Welt. Von Russland kommt keiner zurück, schließt mein Vater dieses Kapitel der Familienplanung ab und verabschiedet sich von meiner Mutter – auf wie lange, das konnten beide nicht ahnen. Es wurden sieben Jahre, sieben Jahre, die mein Vater am Ural verbrachte, als Kriegsgefangener.

Sieben Jahre lang und noch ein bisschen länger muss ich darauf warten, bis ich in die Badewanne zwischen meine Eltern komme und meine Schifferl im Busen meiner Mutter anlegen lassen kann, denn dass ein Busen eine Bucht ist, ein natürlicher Hafen, das war mir schon immer klar, im Gegensatz zu vielen Männern, die meinen, der Busen, das wäre das Gegenteil.

Ich hatte drei, einen Schleppdampfer und zwei Lastkähne, und diese Schiffe fuhren auch noch, und zwar von selber, das heißt fast von selber, denn man brauchte nur eine Kerze in dem Schleppdampfer anzünden und dann pflügte sich dieser unbegreiflicherweise nicht nur durch die Wellen der Badewanne, sondern zog auch noch die zwei Lastkähne, einen gelben und einen grünen, beide aus Plastik; der Schlepper aus Blech, damit er nicht schmilzt. Meine eigene Position war die beste, die sich nur denken lässt, hatte ich doch ihn im Rücken sitzen und den Busen meiner Mutter in Sichtweite vor mir und die Schiffe auf klarem Kurs.

Feindbilder

„Hm, jetzt wird's wieder hell", soll mein Großvater im Luftschutzkeller unseres Hauses gesagt haben, aber seine Töchter wussten gleich, warum: „Weil wir keine Wand mehr haben!" Eine Bombe hatte genau so eingeschlagen, dass sich die Hälfte des Hauses in Staub und Schutt aufgelöst hatte, es sie also nicht mehr gab und die Wand des Luftschutzkellers auch nicht. Von den Menschen war wie durch ein Wunder keinem etwas passiert.

Der Wiederaufbau begann in dem Haus, in dem ich Jahre später aufgewachsen bin, am damaligen südlichen Rand der Stadt München, sehr früh. Er begann noch im Krieg. Die Schwester meiner Mutter, meine Tante, eine kleine zierliche Frau, ging von unserem Haus in der Sendlinger Alpseestraße über die Waldfriedhofstraße zu einem freien Platz gegenüber des Haupteingangs vom Waldfriedhof. Heute dient er der Pfarrkirche St. Hedwig als Parkplatz, damals, man kann sich

München, Alpseestraße 8 – das Haus, dem die Alliierten eine Hälfte weggeschossen haben

Leaving an arch way.
Munnich 1945 June
Must be either
prisoners or displaced
persons in the trucks
going the other way.
See how they're
packed in those trucks

Nach dem Zweiten Weltkrieg war München eine Ruinenstadt. Wohnungsnot und Hunger prägten den Alltag der Menschen. Die Häuser rund um den Marienplatz waren ebenso von Bomben getroffen worden wie das Siegestor, hier von einem amerikanischen Soldaten fotografiert. Auf der Rückseite des Fotos hat er seine Eindrücke vom Einmarsch in die Stadt notiert.

1945

Auch das Alte Rathaus am Marienplatz war zerstört. Der Rathausturm musste gesprengt werden.

das kaum vorstellen, befand sich dort ein Lager für russische Kriegsgefangene. Noch weniger kann man sich vorstellen, dass meine Tante, wie gesagt, eine fast schon winzig zierliche Frau, dort vorstellig wurde und bekam, was sie wollte: Arbeitskräfte, also russische Kriegsgefangene, die einem helfen mussten. So kam es, dass meine Tante, mit einem Dutzend Russen im Schlepptau, erneut die Waldfriedhofstraße überquerte, und unser Haus Stein um Stein wieder aufgebaut wurde. Wie eine Naht sah man freilich noch jahrzehntelang an der Hausfassade, wo es einmal kein Haus mehr gegeben hatte.

Am Tag der Befreiung kamen die Russen dann wieder, und alle hatten Angst. Die Frauen konnten sich denken, was ihnen blühen wird, aber das Gegenteil trat ein. Die Russen kamen zurück, weil sie das Fest ihrer Befreiung in unserem Haus feiern wollten, fast auf den Tag genau fünf Jahre vor meiner Geburt. Sie brachten lang entbehrte Lebensmittel mit, auch Schnaps und Wein und sogar Spielsachen, alles, was sie von den Amerikanern bekommen hatten. Und sie wollten bei uns im Haus feiern, weil meine Großmutter ihnen im Krieg genau das Gleiche zum Essen gegeben hatte, was die Familie bekam. Auch da sind sie beieinander gesessen – genau wie im Krieg. Eine schöne Geschichte, meiner Großmutter zu verdanken.

Auch die Geschichten, die mein Vater aus Russland erzählte, waren fast immer schöne Geschichten, nicht die Kriegsgeschichten! Von denen erzählte er kaum welche, aber von dem Leben in diesem Land – und das als Gefangener. Was für ein schönes Land das sei. Und er lernt russisch: „adín, dwa, tri, tschitýri, pjat, scheßt, ßem, wóßim, djéwit", so zählt der Russe, sagt mein Vater, so zählt der Russe seine Gefangenen, und wenn der Gefangene den Russen ärgern will, zieht der letzte Gefangene in der Reihe seine Mütze vom Kopf und hält sie mit der Hand neben seinen Kopf und der Russe zählt beim ersten Appell die Mütze mit: „adín, dwa, tri, tschitýri, pjat, scheßt, ßem, wóßim, djéwit, desjat", beim zweiten Appell aber nur bis „djéwit", weil der Gefangene seine Mütze wieder auf dem Kopf hat, und der Russe fängt an zu fluchen, ganz schauerlich, weil er nicht weiß, ob es an ihm liegt, dem Russen, dass er nicht gescheit zählen kann, oder an diesen furchtbaren Menschen, die zum Beispiel Golzgeimer heißen wie mein Vater, weil der Russe ein „h" wie ein „g" ausspricht. Und mein Vater lacht Tränen, wenn er diese Geschichte erzählt, und er weint Tränen, wenn er erzählt, wie ihn sein Pferd nach einem Jahr Trennung wiedererkennt, am Ufer der Wolga. Denn er hatte eine Zeitlang ein Pferdefuhrwerk, als Gefangener, zwar kein eigenes, aber in Diensten des Gefangenenlagers, und besorgte interessanterweise Nachschubtransporte für die Rote Armee. Er sprach so gut russisch, dass ihn jeder für einen Russen hielt, ja, er war praktisch Russe und alles an ihm russisch, russisch. „Stellt euch vor, mein Pferd erkennt mich wieder!" ruft mein Vater und bricht in Tränen aus. Und es war so schön an der Wolga, dass er gern einmal mit meiner Mutter hingefahren wäre, und ich habe nie verstanden, weshalb der Russe unser Feind ist.

Und die Feinde der Russen unsere Freunde. Waren es englische Bomben, waren es amerikanische? Das wusste man nicht, aber auf jeden Fall waren es die Bomben unserer Freunde, die unser Haus zerstört hatten. Und es waren unsere Feinde, die es wieder aufgebaut hatten. Ich bekam das in meinem Bubenkopf einfach nicht zusammen. Wieso bauen unsere Feinde etwas auf, was unsere Freunde kaputtgemacht hatten? Ich verstand das einfach nicht. Weshalb waren dann nicht unsere Feinde unsere Freunde und unsere Freunde unsere Feinde? Der ganze Kalte Krieg verdrehte sich mit seinen Feindbildern in meinem Hirn zu einem permanent falschen Film.

Oder war es vielleicht so, dass nicht die Russen unsere Feinde waren, sondern die Kommunisten? Zumindest aus Sicht meines Vaters? Aber waren nicht auch die Russen Kommunisten? Allesamt? Rätsel über Rätsel. Die Nazis mit ihren Heilsversprechungen kamen jedenfalls nie als Urheber des ganzen Unheils vor.
Für meinen Vater traten dann immer noch neue Feindbilder hinzu, zum Beispiel das humanistische Gymnasium, in das ich eintreten sollte, auf Beschluss der Großfamilie, aber gegen seinen Willen. Das humanistische Gymnasium war ihm einfach unheimlich. Er wusste davon eigentlich bloß so viel, dass er selbst nur ein „Realpatzer" war, wie man seinerzeit Schüler nannte, die kein humanistisches Gymnasium besuchten, sondern nur eine „Oberrealschule". Oberrealschule: Das war natürlich gar nichts! Und dann auch noch kein Abitur, nur Mittlere Reife. Dreimal nichts! Ahnte er, dass an diesem geheimnisvollen Ort, der so verdächtig nach „kommunistischem Gymnasium" klingt, ein Geist entfesselt werden

könnte, ein Geist der Freiheit, bei dem er nicht mehr mitkam? Niemals dürfte ich auf ein humanistisches Gymnasium, hat mein Vater gewütet, denn ein humanistisches Gymnasium, das war für ihn gleichbedeutend mit einem kommunistischen Gymnasium, eine Mafia ist das, hat er gebrüllt, damit alle Feindbilder vereinend, die für ihn nur zusammenkommen konnten: Kommunismus, humanistisches Gymnasium und die katholische Kirche, alles eine einzige Mafia, weil die halten alle zusammen! Eierköpfe! Die allein bilden die Elite, und er gehört nicht dazu. Und seinen Sohn hält er für zu blöd dazu. In der ersten Erdkundeex, in der es über das Wetter geht, schreibt sein Sohn: „Die Wolke weint." Und bekommt einen Vierer dafür. „Mei, is der Bua bleed!" Der Vater hat es gewusst, schon vorher, aber auf ihn hört ja keiner. „Der Bub kann nicht exakt naturwissenschaftlich denken", analysiert mein Vater noch mitten in seinem Tobsuchtsanfall naturwissenschaftlich exakt.

Alles hat ihm geschadet im Leben, die Kommunisten und die katholischen Pfarrer in den Kriegsgefangenenlagern, denn die waren die allerschlimmsten, sagt mein Vater, schlimmer als die russischen Bewacher. Und sein Bub wird Ministrant, das Entsetzlichste, was einem beinharten Atheisten wie ihm passieren kann. Während er weiß, dass nichts einen Sinn hat, schwenkt sein Sohn Weihrauchfassl vor der Bibel, einem Buch mit noch verheerenderer Wirkung als das **Kommunistische Manifest.** Und die Bildung hat ihm auch geschadet, die ihm versagt geblieben war, eine Blendung sozusagen, die ihm sein ganzes Leben versengt und versaut hatte. Nur eine mittlere Reife und dann Fußball beim FC Bayern gespielt, damit kann man nicht Beamter werden, obwohl er die gleiche Arbeit gemacht hat wie die anderen Landesvermesser auch, aber die anderen Landesvermesser hatten Abitur, ein Notabitur, aber wurscht, danach fragt später keiner mehr, und er nicht, er hat kein Abitur, nicht einmal ein Notabitur, weil ihn die Russen so lange nicht herausgelassen haben. Und dann kam ich, und zwar sofort, so dass er noch vor meiner Geburt wieder ins Landesvermessungsamt musste und froh sein musste um die zweihundert Mark im Monat, die so ein Realpatzer kriegt, mit mittlerer Reife.

Und dann platzt ihm gleich nach seiner Rückkehr auch noch das Kondom, schlechte Nachkriegsware oder übermäßiger Druck am Tag seiner persönlichen Befreiung, sei dahingestellt, möglicherweise war jedoch auch ich plötzlich sein Feind, allein schon weil er zweihundert Mark im Monat verdienen musste, wegen mir.

Ins Offene, ins Weite, ins Freie

Der Wechsel ins Gymnasium war ein Wechsel ins Offene, ins Weite, ins Freie. Wir gehörten zu den Weggefährten des Odysseus, mit ihm verbanden wir unsere Fahrt in die Freiheit. Schließlich waren wir im Besitz des Absentenheftes. Fällt auch kaum auf, wenn der Besitzer des Absentenheftes nicht anwesend ist, und sein Stellvertreter auch nicht, sondern auf dem Starnberger See, samt Absentenheft. Aber dabei blieb es nicht, bei der reinen puren Freude aller Illegalen und Seligen, wir sprachen auch über das, was wir jetzt nicht hatten: Plato etwa und seinen Idealstaat, während wir Griechisch gehabt hätten zum Beispiel. Bei jedem Stundenwechsel jubelten wir: „Jetzt hätten wir Griechisch!" „Jetzt hätten wir Mathe!" „Jetzt hätten wir Sport!" „Jetzt Latein!" „Und jetzt hätten wir Deutsch." Unser Lieblingsdichter hieß Günter Eich, unsere Lieblingsverse von ihm waren: „Seid Sand, nicht das Öl im Getriebe der Welt!"

Wir verlegten die Schule in den See. Mehr oder weniger führt die Fürstenrieder Straße, an der das Ludwigsgymnasium liegt, in seiner Verlängerung ohnehin an den Starnberger See. Plato war spannend, die Schule war langweilig, aber ohne die Schule hätten wir Plato nicht kennengelernt. Wir schuldeten der Schule unseren Dank, indem wir sie mit unserer Anwesenheit verschonten und uns mit ihren Inhalten beschäftigten. Die nahmen wir sehr ernst, das **Gastmahl** des Plato zum Beispiel, über die Liebe.

Wir trieben in einer uralten Jolle auf dem See und das dickbauchige Segelschiff aus Holz schaukelte gemächlich dahin. So sehr genossen wir diese Leichtigkeit, dass uns kein Trieb plagte, das kleine Schiff bildete so eine Art von Mittelstadium zwischen dem Mutterleib, den wir verlassen hatten, und den Wundern, die uns künftige Geliebte bereithielten, denn dass es sich um Wunder handeln würde, davon waren wir überzeugt, und wir wurden ja auch nicht enttäuscht. Die berühmte Nussschale des Seins als außerordentlich erquickliche Lebensform.

1945
BIS
1948

Auf dem Gelände der ehemaligen „Reichszeugmeisterei" an der Tegernseer Landstraße befand sich von 1945 bis 1949 die US-Militärregierung für Bayern. Die Amerikaner gaben der Anlage den heutigen Namen „McGraw-Kaserne". Sie nutzten nicht nur die weitgehend unzerstörten Gebäude, zu denen auch das Fuhrparkgelände des „Reichsautozugs Deutschland" gehörte, sondern errichteten zahlreiche Erweiterungsbauten. Neben den militärischen Institutionen beherbergte die Kaserne in der Nachkriegszeit auch Einrichtungen des täglichen Lebens, unter anderem ab 1950 den „Munich Campus" der „University of Maryland", den „Munich Community Club", ein Einkaufszentrum, eine Wäscherei, eine Tankstelle, Bowlingbahnen und eine Zahnklinik.

Vor allem Kinder und Jugendliche begegneten den amerikanischen Besatzern mit Neugierde und, angesichts von Kaugummi- und Schokoladengeschenken, mit wachsender Begeisterung.

Einige Jahre nach Kriegsende protestierten die ausquartierten Münchner gegen die Beschlagnahmung ihrer Häuser durch die US-Army.
Links unten: auf der Trabrennbahn Daglfing

Dazu tranken wir von diesem superbilligen Doppler Rotwein aus dem Supermarkt. Und sprachen über Platons **Symposion** etwa, das zeitgleich in der Schule im Unterricht durchgenommen wurde – doch entwickelten wir eine ganz eigene Version davon, frei von der Plage des Nachschlagens unbekannter Wörter; unser Held hieß ohnehin Sokrates, ziegenbärtiger Anarchist auf dem Marktplatz von Athen. Wir stellten uns vor, wie vier Jahrhunderte vor Christi Geburt einige Herren zu Tische sitzen oder besser liegen, so wie wir auf den hölzernen Bänken der Segeljolle, auf den linken Ellenbogen aufgestützt. Die Gäste sind vom Feinsten: Pausanias, Alkibiades, Aristophanes, Sokrates gehören dazu, die intellektuelle Crème der Crème des antiken Athens. Das Gelage findet im Haus des Agathon statt, der seinen Tragödiensieg vom Vortag zum Anlass für das Fest nimmt. Die ehrenwerte Talk-Runde, noch leicht benebelt von der Siegesfeier, beschließt, über das Wesen der Liebe zu diskutieren, Platon hat die Dialoge im **Symposion** festgehalten. Pausanias fragt sich und die Runde, die um ihn herumlagert, wie sie nun an diesem Abend am behaglichsten trinken werden. Er hat jedenfalls noch einen satten „hangover“, wie der Engländer, eine „Restfettn“, wie der Wiener es nennt, und Schleiermacher übersetzt Plato so, dass Pausanias sagt: „denn auch ich gehöre zu denen, die gestern etwas stark benetzt worden sind.“ „Stark benetzt“ ist gut. Damit wirft er allerdings Schleier über das griechische Original: „bebaptisnénon“ meint schon, dass sie sich fast ertränkt haben, eingetaucht sind, wovon ja noch heute der „Baptist“, der Täufer also, abgeleitet wird. „Bebaptisnénon“ sagt halt gleich, dass sie besoffen waren, und zwar bis zum Anschlag. Der Kompromiss sieht dann so aus, dass sie „anapsyché“ trinken, also wie es der Seele entspricht.

Plato überträgt die Erzählung einem gewissen Apollodor, der aber seinerseits wiederum nicht dabei gewesen ist, sondern alles von Aristodemos erfahren hat, weshalb wir Heutige praktisch in einem dreifachen Konjunktiv der indirekten Rede lesen, was das Wesen der Liebe ist: Möglichkeitsform lagert sich auf Möglichkeitsform – nichts Gewisses weiß man nicht, vor allem nicht, was das Wesen der Liebe betrifft. Allenfalls verschiedene Theorien können formuliert werden. Der Arzt Eryximachos vergleicht die Liebe mit der Kochkunst, in der es ebenso schwer sei, „mit den Gelüsten richtig zu verfahren, um die Lust davon zu genießen ohne Krankheit“. Der Komödiendichter Aristophanes entwickelt die Vorstellung, dass die Menschen ursprünglich Kugeln waren und zwar in drei verschiedenen Ausführungen: mannweiblich, mannmännlich und weibweiblich, also auf gut neudeutsch hetero, schwul und lesbisch, doch wurden diese „Androgyne“, wie Aristophanes den Begriff für alle Zeiten prägt, den Göttern zu mächtig. Wie die Titanen und Giganten vor ihnen suchten sie Zugang zum Himmel, allein schon von der rasanten Möglichkeit her, sich fortzubewegen – kugelförmig, wie sie waren, mit vier Händen und vier Füßen, mit deren Hilfe sie Rad schlagen konnten und schnell wie die Götter sein.

Da zerschnitt Zeus die Androgynen in je zwei Hälften, sodass es seither nur noch Männer und Frauen gibt, die einander rastlos suchen, um die ursprüngliche Natur wiederherzustellen, unentwegt versucht „aus zweien eins zu machen und die menschliche Natur zu heilen“, wie Schleiermacher übersetzt, „hen ek dysin“, wie es bei Plato heißt: „eins aus zwei“. Mit diesem Trachten nach dem „Ganzen“ entsteht etwas, was wir Liebe nennen, „eros ononma“. So wie die Menschen sich ineinander schlingen, um wieder ganz werden, könnte man, um die Analogie des Arztes Eryximachos fortzuführen, auch die Kochkunst definieren. Was der Mensch sich zuführen möchte, um wieder ganz zu werden, dafür sorgt der Koch – darin dem Gott Eros oder Amor gleich, wie er eben überhaupt ein Schöpfer ist, der aus unterschiedlichen Elementen etwas Neues, Ganzes zusammensetzt. Nachdem erneut über die Art des Trinkens diskutiert werden muss, so wissenschaftlich korrekt wie über den eigentlichen Disputationsgegenstand, lobt Sokrates recht scheinheilig seine Vorredner, um dann auszuführen, dass sie natürlich nicht recht haben, weil ihren Ausführungen etwas ganz Entscheidendes fehlt. In der Liebe wird nämlich nicht nur einfach gezeugt, sondern es geschieht dies um der Unsterblichkeit willen – im Schönen. Die Vollendung des Lebens liegt somit nirgends anders als in der „Schau des Schönen“.

Das fanden wir auch, absolut. Der See war so schön blau, die Berge waren blau, der Himmel war blau – nur die Dampfer, die ab und zu unseren Weg kreuzten, die waren weiß, das heißt, ein bisschen blau waren auch die, weiß-blau halt. Das Leben war schön, so unheimlich schön, und die Liebe wird schön, dessen waren wir uns ganz gewiss. Wir fanden sogar den superbilligen Doppler aus dem Supermarkt gut. Unweigerlich daraus resultierende Kopfschmerzen ignorierten wir.

Der Einmarsch der Amerikaner und das Kriegsende hatte für die Münchner Bevölkerung vor allem ein Ende der Angst bedeutet:
74 mal war die Stadt zwischen Juni 1940 und April 1945 bombardiert worden. Die Hälfte der gesamten Bausubstanz und mehr als ein Drittel aller Wohnungen waren zerstört. 11 Millionen Kubikmeter Schutt waren übrig geblieben. Auf den Jubel über die Befreiung folgte bald große Not.
Die Beschaffung von Lebensmitteln, Kleidung und Heizmaterial war in den Jahren bis zur Währungsreform 1948 oftmals nur auf dem Schwarzmarkt möglich. Obwohl die Geschäfte und Schaufenster leer waren, konnte man rund um den Hauptbahnhof, am Sendlinger-Tor-Platz und vor allem in der Möhlstraße in Bogenhausen gegen harte Devisen oder entsprechende Tauschwaren alles bekommen: Wer Zigaretten, Schnaps, Kaffee, Obst oder Konserven hatte, konnte damit ebenso begehrte Mangelware wie Rasierklingen oder Schnürsenkel oder sogar Nylonstrümpfe kaufen. Erst mit der Aufhebung des Besatzungsstatuts im Jahr 1955 kam dieser illegale Warenhandel endgültig zum Erliegen.
Die – wie in der Möhlstraße oftmals illegal errichteten – Behelfsbauten verschwanden aber erst nach und nach aus dem Straßenbild.

Der Wiederaufbau der zerstörten Stadt begann bereits wenige Jahre nach Kriegsende. Im Kino liefen jetzt amerikanische Filme wie „Schwarze Pfeile“.
Während des Zweiten Weltkriegs wurde die Michaelskirche schwer beschädigt, das mächtige Tonnengewölbe stürzte ein. Ab 1946 erfolgte der Wiederaufbau. Das Richtfest nach Fertigstellung des Dachstuhls fand 1948 statt.

Am 20. Juni 1953 wurde im Ausstellungspark auf der Theresienhöhe die Deutsche Verkehrsausstellung eröffnet. Nach dem verlorenen Krieg wollte Deutschland vor aller Welt seine wiedererlangte wirtschaftliche Leistungsfähigkeit unter Beweis stellen. Auf dem 560 000 Quadratmeter großen Ausstellungsgelände wurde in 14 Hallen der neueste Stand der Technik in den Bahn-, Straßen-, Wasser- und Luftverkehr, Post- und Fernmeldewesen, öffentliche Verkehrsmittel und Fremdenverkehr. Vor allem war die Raumfahrt, repräsentiert durch eine 15 Meter hohe Forschungsrakete im Freigelände, ein neuer und aufsehenerregender Aspekt des „Verkehrswesens". Aber auch die gerade einmal vier Jahre junge Bundesbahn führte voller Stolz ihre Errungenschaften vor.

Briefmarken zur Ausstellung 1953

1953

Taubenmuatterl, Ratschkathln und bäuerliche Standlweiber auf dem Viktualienmarkt gehörten noch lange Zeit nach dem Krieg zum Münchner Stadtbild – ebenso wie die sogenannten „Behelfsbauten“, die zerstörte Häuser provisorisch ersetzten.

1950
er
JAHRE

Dieses Bild entstand 1954 auf dem Marienplatz, als die Münchner die aus Bern heimkehrende Fußball-Nationalmannschaft als Weltmeister feierten. Die Weltmeisterschaft 1954 wurde in sechs verschiedenen Schweizer Städten ausgetragen. Insgesamt verfolgten rund 890.000 Besucher in den Stadien die 26 Begegnungen, die den höchsten Toreschnitt aller Meisterschaften hatten – und erstmals saßen mehrere Millionen Menschen vor den Fernsehgeräten, um die Spiele, die direkt übertragen wurden, zu sehen. Ausgerechnet der Außenseiter Deutschland gewann das Turnier nach einem 3:2-Sieg über Ungarn: Deutschland wurde zum ersten Mal Fußball-Weltmeister! „Wir sind wieder wer!", jubelte schon im Stadion der Kommentator des Endspiels. Tatsächlich bedeutete für viele Deutsche das „Wunder von Bern" ein Zeichen des Aufbruchs nach dem verlorenen Weltkrieg und den Entbehrungen der Nachkriegszeit.

Endlich schönes Wetter: Neues Sommerkleid, neue Handtasche, neuer Fotoapparat - und auf geht's zum Stadtbummel.

Die Stadt ist noch grau – aber
der Fasching endlich wieder bunt!
Die 50er Jahre …

München feiert seinen 800. Geburtstag:
Am 20. Juli begann das „Deutsche Turnfest 1958“ mit mehr als 70.000 aktiven Teilnehmern. Höhepunkte waren das Feuerwerk am 26. Juli und der große Festzug der Turner am 27. Juli. Die Abschlusskundgebung fand auf der Theresienwiese statt.

Die Stadt voller Menschen, aber die Salzburger Autobahn noch leer ...

1958

Fronleinamsprozession an der vierspurigen Residenzstraße

1958 feierte man das 800-jährige Stadtjubiläum - als krönender Abschluss fand am 14. September der Festumzug „800 Jahr Münchner Verkehr“ statt.
Mehr als 100 Pferde zogen Frachtwagen, Kutschen, Kaleschen und Gala-Coupés aus früheren Jahrhunderten durch die Straßen der Stadt. 250 historische Räder Motorräder und Automobil-Veteranen, die älteste und schwerste Eisenbahnlokomotive und viele andere sehenswerte Fahrzeuge schlossen sich an.

Lokomotive
„ADLER"
ADLER
Deutsche Bundesbahn

58

Unser Fotograf hat einen leicht erhöhten Logenplatz direkt am Marienplatz ergattert: die historischen Fahrzeuge des Festzugs „800 Jahre Münchner Verkehr“.

DER GLADIATOR

Der Münchner Faschingszug: Kein Kölner Karneval und auch kein Einzug der Wiesnwirte – aber wem's gefällt, für den ist es das Höchste.

Fest halle
Hackerbräu

In den Fünfzigern war die Wiesn noch eine beschauliche und familiäre Angelegenheit – und die Trachtenträger deutlich in der Minderheit.

PSCHORR
Bräurosl

WINZERER FÄHNDL
WINZERER FÄHNDL

Das war schon immer so:
Zur Wiesnzeit ist der Himmel über München
ganz besonders weiß und blau.

1960 er JAHRE

In den Sechzigern schießen die Hochhäuser wie Pilze aus dem Boden: Die Parkstadt Bogenhausen verspricht modernsten Wohnkomfort, spektakuläre Kirchenneubauten entstehen, Autos bestimmen das Straßenbild. Aber noch findet der Schafhirte mitten in Bogenhausen Platz für seine Herde.

Eigentlich sind wir alle James Dean.

Modernste Technik auch auf dem Kinderspielplatz

Wenn schon nicht wie James Dean, dann wenigstens wie Max Greger – der hatte es geschafft: 14 Tage nach Kriegsende spielte der junge Musiker aus Giesing zum ersten Mal im amerikanischen Club im Münchner Ratskeller. Es sollte der Anfang einer Weltkarriere werden. Er wurde von Club zu Club weitergereicht und begegnete berühmten Jazz-Musikern wie Duke Ellington und Count Basie. 1948 gründete er seine eigene Band und tourte nicht nur durch Deutschland, sondern sogar durch die Sowjetunion.

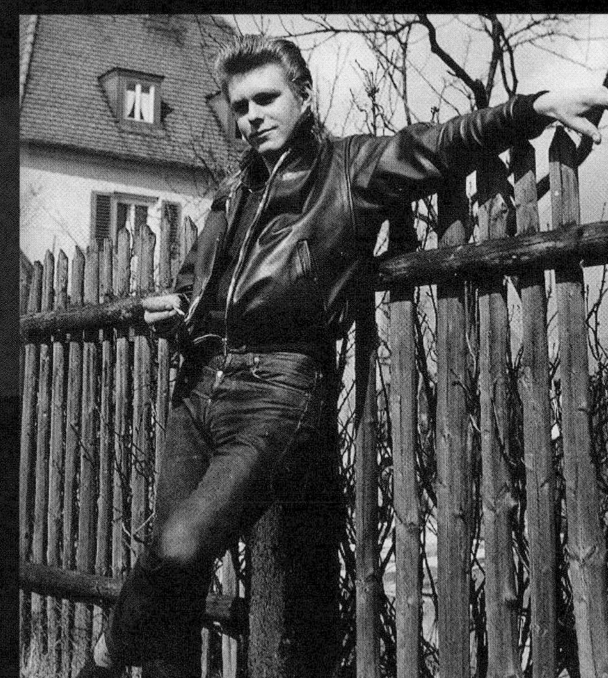

Als das Wort „Freizeit“ erst einmal erfunden war, gab es für die Freischwimmer in den Freibädern kein Halten mehr.

Rechts: 1955 eröffnete der Münchner Oberbürgermeister Thomas Wimmer das Michaelibad.

Zeitungskiosk
am Nikolaiplatz

Anfang der 60er Jahre fuhren die Autos durchs Alte Rathaus, über den Marienplatz, durch die Theatinerstraße, durch die Kaufinger Straße und durchs Karlstor, um dann auf dem Stachus, damals der verkehrsreichste Platz in ganz Europa, ins Chaos einzutauchen.
Rechts das Alte Rathaus, noch ohne den Turm. Das Talburgtor, ehemals östliches Stadttor, wurde im 15. Jahrhundert zum Rathausturm umgebaut und danach mehrfach verändert. In der Nachkriegszeit fehlte er lange im Stadtbild: Er wurde erst in den Jahren 1971 bis 1974 nach dem Aussehen des gotischen Originals rekonstruiert.

Reihe 3

In den Jahren 1943 bis 1946 war die Auer Dult auf dem Maria-Hilf-Platz ausgefallen.

In der „schlechten Zeit“ bot sie eine der seltenen Möglichkeiten, dringend benötigte Dinge einzukaufen. In den Nachkriegsjahren und bis weit in die 60er Jahre konnte man hier neben Geschirr auch gebrauchte Kleidung und Haushaltsgegenstände günstig erwerben – heute ist die Dult vor allem ein Eldorado für Antiquitäten- und Raritätensammler.

Telefonzellen?
Das waren diese gelben Häuschen mit öffentlichen Münzfernsprechern, in die man 20 Pfennig einwerfen musste, um dann stundenlange Ortsgespräche führen zu können. Schallgeschützt das Ganze übrigens ...

1960
er
JAHRE

Tierschutz gab's noch keinen,
Bierleichen schon ...

... und jede Menge Parkplätze. 1964 konnte man sogar noch auf der Wiese parken. 1968 war die „Wiesn" dann geteert.

So oder so – nach dem Wiesnbesuch ist man natürlich mit dem Auto nach Hause gefahren.

Ob groß oder klein – gefeiert wurde auf allen Volksfesten, hier auf der Auer Dult.

Junge Damen in Schwabing ...

Rechts übrigens das erste Großflächenplakat in München

Übergang verboten

AEG
LAVAMAT
EDEKA
Dallmayr Kaffee

München ist in den Sechzigern nicht nur gemütlich, sondern mancherorts auch mondän: zum Beispiel am nächtlich erleuchteten Pini-Haus an der Schützenstraße. Ins ehemalige „Haus der Deutschen Kunst", hier schon nach der Verbreiterung der Prinzregentenstraße, zog die moderne Kunst ein.

Am Chinesischen Turm oder am Flughafen Riem – Hauptsache Biergarten!

Die Stadt verändert sich:
Die 1955 nach Plänen von Gustav Gsaenger fertiggestellte Matthäuskirche (oben) und die zeitgleich von Sep Ruf und Theo Pabst errichtete Neue Maxburg (links) gehörten zu den spektakulärsten Neubauten der Nachkriegszeit.

1950 fand in München eine Protestdemonstration gegen den Freispruch von angeklagten NS-Funktionären statt …

… 1953 protestierte man gegen das Ladenschlussgesetz …

Die Gewerkschaften hatten zum Protest gegen die verlängerten Ladenöffnungszeiten am Samstagnachmittag aufgerufen. Am 20. Juni 1953 rückten vier Hundertschaften der Polizei an und trieben in der Kaufingerstraße die Demonstranten in die Flucht – erstmals kamen dabei Wasserwerfer zum Einsatz.

GENERAL VERTRAG ER BRINGT
ZWANGSREKRUTIERUNG - LOHNRAUB - KRIEG UND TOD!

... 1954 protestierte man gegen den Generalvertrag ...

RIA
52

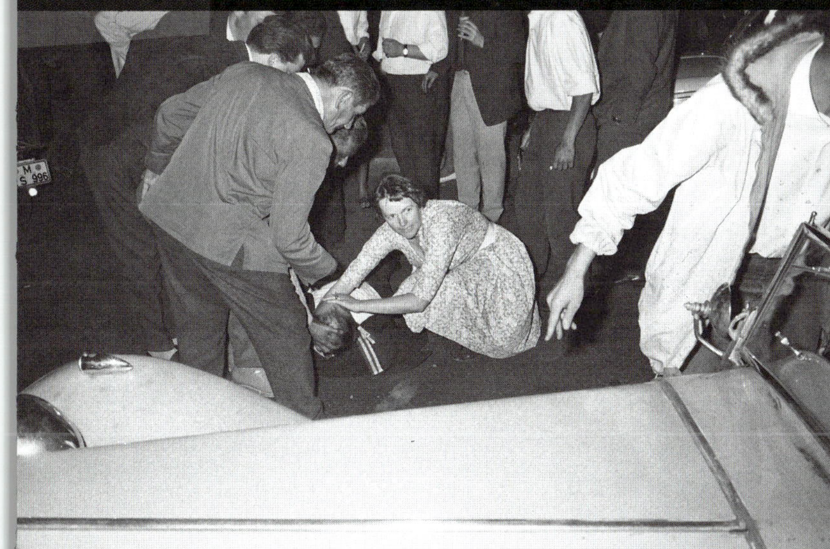

23. Juni 1962 – Schwabinger Krawalle
Ein Straßenfest eskaliert: Zwei Streifenpolizisten gingen in der Leopoldstraße wegen „Ruhestörung" und „Verkehrsbehinderung" gegen eine Gruppe junger Straßenmusikanten vor. Zahlreiche Zuhörer versuchten, den Abtransport der „Störer" im Streifenwagen zu verhindern. Schließlich lieferten sich immer mehr Passanten mit immer mehr Polizisten eine regelrechte Straßenschlacht, bei der es auch Verletzte gab. Auch in den folgenden vier Nächten kamen Neugierige und Schaulustige, um ebenfalls diese neue Lust am Widerstand gegen die Obrigkeit auszukosten.

1962

Die Bravo-Beatles-Blitztournee: Am 24. Juni 1966 spielten die Beatles zweimal für eine halbe Stunde im Circus Krone. Ganz München stand Kopf! Wer keine Konzertkarte ergattern konnte, der wollte wenigstens einen Blick auf die fabelhaften Vier werfen ... am Flughafen, im Hotel, bei der Pressekonferenz oder vor dem Konzert.

1966

Sommer 1962: Die Angestellten eines Fotogeschäfts in der Kaufingerstraße probierten während der Mittagspause auf dem Dachgarten eine Kamera aus – und hatten offensichtlich eine Mordsgaudi ...

1966 war der Fernsehturm noch im Bau

Schöne neue Welt in Farbe:
Filmaufnahmen auf dem
Odeonsplatz im Jahr 1966.

Rudolf Moshammer in den Swinging Sixties –
noch ohne Daisy, aber nicht weniger gut begleitet und bekleidet.

Rechts: Die FlowerPower-Könige von Schwabing – Anusch und Temur Samy – eröffneten 1967 das „Drugstore" am Wedekindplatz, Münchens ersten Beat-Schuppen. Es folgten das legendäre „Blow up" und ein Shopping-Center namens „Citta 2000".

Aber nicht alles war Glanz und Glitter: Der Vietnamkrieg, der Schah-Besuch und die beginnende Diskussion über „Notstandsgesetze“ trieben 1967 besorgte Münchner Bürger auf die Straße.

1967

Karfreitag, mit persönlicher Auferstehung

Und dann kam der Karfreitag 1968. Von einem Tag auf den anderen war alles anders, zumindest schien es so. „Ist die Sau tot?“, hatte jemand am Tag zuvor, also am Gründonnerstag, in einer kleinen Familienpension mit gemeinsamem Essensraum gefragt. Meine Eltern und ich waren in den Osterferien zum Skilaufen, nicht in St. Moritz, das wäre viel zu teuer gewesen für uns, aber in der Nähe, in einer preiswerten, auch für Kleinbürger erschwinglichen Unterkunft unweit von St. Moritz in der Schweiz. Sogar eine Kleinbürgerfamilie, die sich sonst nichts gönnt, konnte sich in den späten sechziger Jahren ein paar Tage Skifahren leisten vor Ostern, selbst in der Schweiz. Wer aber den ganzen Tag beim Skifahren ist, weiß nicht, was in der Welt vorgefallen sein mag in der Zwischenzeit, aber irgendjemand wusste schon etwas, hatte zumindest ein Bruchstück einer Nachricht aufgeschnappt: „Ist die Sau tot?“, fragte diese Stimme an diesem Donnerstag in dem Augenblick in das Geklapper aus Tellern und Besteck hinein, in dem sich alle niederließen und das Essen ausgeteilt wurde. Auf einmal war es ganz still. Nein, die Sau war noch nicht tot, die Sau hieß Rudi Dutschke. Niemand sprang auf und protestierte. Auch meine Eltern nicht. Eine ohnmächtige Wut kochte in mir hoch und schob mir die Tränen aus dem Kopf. Zu mehr war ich nicht imstande, aber alles in mir brüllte: „Ihr Schweine!“ Mit einem Male, mit diesem einzigen Satz drehte sich für eine Generation, die man später „68er“ nannte, alles um. Wer vorher Sau war, war jetzt keine Sau mehr, und wer vorher keine Sau war, war jetzt eine. Das galt auf allen Ebenen: politisch, weltanschaulich, moralisch, sexuell. Das war mein letztes gemeinsames Abendmahl mit meinen Eltern. Ich hatte den Abschied von den Eltern von Peter Weiss gelesen, als wäre es mein eigener gewesen, nun kam tatsächlich mein persönlicher Abschied von meinen Eltern.

Am nächsten Tag, dem Karfreitag 1968, stand ich auf der Barer Straße. Es war wirklich genug, es reichte, und zwar voll. Diese Generation hatte ausgespielt, da kannten wir keine Gnade. Wir akzeptierten nicht mehr, dass zwanzig lange Jahre, quälend lange Jahre verstreichen müssen, ehe sich eine Gesellschaft allenfalls halbherzig mit dem Schaurigsten, das man sich nicht einmal vorstellen kann, beschäftigt: mit Auschwitz. Der dritte Auschwitzprozess, der am 30. August

1967 begonnen hatte, endet mit der Verkündung der Urteile gegen zwei angeklagte Funktionshäftlinge. Gegen den dritten Angeklagten wird das Verfahren eingestellt – wegen Tötung von Häftlingen durch Misshandlung, Ertränken, Erwürgen, Erschlagen und Tottreten. Drei Angeklagte, zwei Urteile, wo ein ganzes Volk am Pranger steht! Und im März 1968 töten unsere großen Freunde von der anderen Seite des Teiches die Bewohner eines Dorfes namens My Lai, Frauen und Kinder. Wir konnten nicht verstehen, dass man so wegschauen kann. Wir wollten es auch nicht verstehen. Und unsere Eltern konnten nicht verstehen, dass wir nicht verstehen konnten, dass man froh ist, wenn man überhaupt noch lebt. Ein Dach über dem Kopf hat, gut zu essen und zu trinken hat und endlich auch wieder Spaß haben will. Für uns war das Wunder der Wirtschaft gar nicht wunderbar, wir sahen nur seinen Preis, vor allem die Lügen. Für die Verbreitung all dieser Lügen sorgte ein Blatt namens **BILD**. Ungestraft betrieb die Bild-Zeitung Volksverhetzung: „Man darf auch nicht die ganze Dreckarbeit der Polizei und ihren Wasserwerfern überlassen." Ebenso ungestraft forderte sie zur Lynchjustiz, zum „Ergreifen" der „Rädelsführer" auf.

Wolf Biermann schrieb ein Lied auf die Schreibtischtäter
Drei Kugeln auf Rudi Dutschke
Ein blutiges Attentat
Wir haben genau gesehen
Wer da geschossen hat

Ach Deutschland, deine Mörder!
Es ist das alte Lied
Schon wieder Blut und Tränen
Was gehst Du denn mit denen
Du weißt doch was Dir blüht!

Die Kugel Nummer Eins kam
Aus Springers Zeitungswald
Ihr habt dem Mann die Groschen
Auch noch dafür bezahlt

Ach Deutschland, deine Mörder!
...
Drei Kugeln auf Rudi Dutschke
Ihm galten sie nicht allein
Wenn wir uns jetzt nicht wehren
Wirst du der Nächste sein.

Ach Deutschland, deine Mörder!

Deshalb standen wir am Karfreitag auf der Barer Straße und in der Schellingstraße vor dem Buchgewerbehaus, Auslieferungsstelle der Bild-Zeitung, ehemals Druckort des **Völkischen Beobachters.** Barrikaden werden errichtet. Die Polizei räumt die Barrikaden wieder ab, die Auslieferung der Zeitung kann nur verzögert werden, auch das war schon ein Zeichen, ein großes Zeichen. Wir fühlten uns immerhin nicht mehr ganz so wehrlos. Am Ostermontag allerdings gab es unter den Demonstranten zwei Tote. Nie konnte ganz einwandfrei geklärt werden, ob durch Polizisten verursacht oder durch Steine der Demonstranten. Wie auch immer – in mein Glücksempfinden trat ein glasklarer Gedanke: niemals Gewalt! Niemals kann Gewalt durch irgendetwas legitimiert werden! Auch die oft formulierte „Gewalt gegen Sachen“ kann wortwörtlich nur einen Steinwurf weit entfernt von der Gewalt gegen einen Menschen liegen. Also Hände weg von jeder Art von Gewalt!

„Make love not war“, das hatte für alle zu gelten, vor allem auch für einen selber, fand ich. Und ich erlebte an diesem Ostern noch meine ganz persönliche Auferstehung, mein erstes „hen ek dysin“, mein erstes „eins aus zwei“, wie wir es bei Plato gelesen hatten, „eros ononma“. Zum ersten Mal in meinem Leben erlebte ich, wie es ist, wenn zwei Menschen sich ineinander schlingen, um wieder ganz zu werden, wenn Frau und Mann die Zweiteilung des Zeus in zwei Hälften aufheben, um die ursprüngliche Natur wiederherzustellen und die menschliche Natur zu heilen. Mit diesem Trachten nach dem „Ganzen“ entsteht etwas, was wir Liebe nennen, „eros ononma“. Und ich fühlte mich tatsächlich geheilt in meiner menschlichen Natur, fühlte mich befreit. Auf der Straße und im Bett.

Es war alles so eingetroffen, wie wir es bei Plato auf dem Starnberger See gelesen hatte, nur noch schöner: die Vollendung des Lebens als „Schau des Schönen". Aus der Möglichkeitsform war die Wirklichkeitsform geworden. Wie hätte ich nicht glauben sollen, dass man die Welt gestalten kann, politisch, persönlich, liebend?

Sammy

Wenn mein Vater nur gewusst hätte, dass auch das humanistische Gymnasium dem Weltkommunismus seine Pforten durchaus zu verschließen trachtete! Zum Beispiel waren wir durch unseren Direktor eindringlich vor dem Typus einer kommunistischen Funktionärin gewarnt worden, wie sie in einem Stück von Brecht, das die Schulbühne aufgeführt hat, repräsentiert worden ist. „Vor so einer müsst's aufpassen!", wurden wir aufgeklärt. „Die hat euch gleich!" Dass wir aufpassen sollen, das hat uns der Direktor immer gesagt, der uns als unser aller Vater erschienen ist, uns Buben, und damals gab es auf so einem königlich bayerischen Gymnasium nichts anderes als Buben. Als Buben aufgewachsen mit Calypso, groß geworden mit der schönen Helena und von Aphroditen umgestellt von der Muttermilch auf die geistige aus den Brüsten der Alma Mater. „Aufpassen, Buben!", hat er voller Emphase ausgerufen. „Aufpassen und enorm fleißig sein!", und die Vokale mächtig gedehnt und die Konsonanten verdoppelt und verdreifacht: „Auffbasssn, Buuuhbn, uuuhnd äähnooam fleisssig sein!" Und wir sind enorm fleißig gewesen, aber nur auf dem Starnberger See, und haben enorm vor kommunistischen Funktionärinnen aufgepasst, aber nur so lang, bis uns eine aufgefordert hat: „Komm in den Schoß der Partei!" In so einem Fall war man natürlich verloren. Aber schöner kann man ja auch gar nicht verloren gehen.

Das Stück, in dem die kommunistische Funktionärin eine wichtige Rolle spielt, ist **Die Maßnahme**, von Brecht selbst zu Lebzeiten noch verboten, weil er nicht wollte, dass es missverstanden wird und die Partei in Verruf kommt. Aber unser königlich bayerisches humanistisches Gymnasium hat es wieder aufgeführt, weil der Schulspielleiter „die Weigel", wie er gesagt hat, persönlich gekannt hat und extra über die Mauer hinüber ist, nach Ost-Berlin in die Chausseestraße 125, ganz in der Nähe von Wolf Biermanns Wohnung mit der Nummer 131, um von der Weigel die Genehmigung zur Aufführung zu erwirken.

Das war während einer Studienfahrt nach Berlin gewesen, aber leider hatte das Jugendgästehaus schon längst geschlossen, wie unser Schulspielleiter wieder zurückgekommen ist, tief in der Nacht. Doch weil es Sommer gewesen ist und das Fenster in seinem Zimmer wohlweislich noch geöffnet, hat er den Weg über das Abflussrohr der Regenrinne genommen und hätte es auch fast schon geschafft gehabt, wäre nicht geradewegs in dem Moment ein Polizeiwagen vorbeigekommen. Es gibt Augenblicke, von denen man sich nicht nur nicht alles andere wünschen möchte, als dass sie verweilen, weil sie so schön sind, es gibt Augenblicke, da versagen auch griechische Götter, und zwar kläglich. Er soll runterkommen, hat die Polizei gesagt, und zwar sofort, aber leider hat die Polizei nicht gewusst, dass es sich bei dem von ihnen glasklar diagnostizierten Einbrecher um einen königlich bayerischen Gymnasiallehrer humanistischer Ausprägung handelt. Vor allem auch nicht geglaubt, wie er es ihnen erklärt. Er soll runterkommen, aber weil er nicht herunterkommt, weder sofort noch überhaupt, muss der Polizist leider seine Dienstwaffe zücken, und, ohne dass er sich dessen bewusst ist, damit eine Entweder-Oder-Entscheidungssituation herstellen, wie wir sie sonst, wie gesagt, nur von der antiken Tragödie her kennen. Worauf sogar ein königlich bayerischer Griechischlehrer die Dachrinne heruntergerutscht kommt, wenn auch unter so abscheulichen Flüchen, dass wir sie hier höchstens in hebräischer Sprache wiedergeben könnten, erstens damit sie fast niemand versteht, zweitens aber, um an die entsprechende alttestamentarische Wucht heranzukommen – jedoch ist leider selbst zu unserer Zeit schon das Hebräische als dritte Fremdsprache leider abgeschafft und durch Englisch ersetzt worden.

Unmittelbare Folge für unseren in Gefangenschaft geratenen Lehrer war, dass er, wie denn auch anders, die Nacht auf der Polizeiwache verbrachte, und nicht nur die Nacht, sondern auch die Frühstückszeit, zu der wir uns noch nichts gedacht haben. Das heißt, befürchten mussten wir schon, dass er es vielleicht nicht geschafft hatte, um Punkt Mitternacht am Übergang Friedrichstraße zu sein. Er trank auch ganz gern etwas, unser Sammy. Und er war wahnsinnig cholerisch. Und die DDR-Behörden bekanntlich wahnsinnig humorlos. Aber wir haben uns zu beruhigen versucht, indem wir uns gesagt haben, dass jeder einmal verschlafen kann. Allerdings kann nicht jeder von sich auf der Polizeiwache sagen, er wäre Gymnasiallehrer, und die Polizei sagt drauf: das kann ja jeder sagen. Irgendwann haben sie dann aber doch bei uns angerufen und gefragt, ob uns ein Lehrer abgeht. Schon, ja, haben wir gesagt und ihn wiedergekriegt.

Wir sind restlos begeistert gewesen von ihm, obgleich er damit gedroht hat, uns zu erschlagen. Ohne dass er es wollte – aber rechtes Lernen ist eben oft ein dialektischer Prozess – haben wir ihn zum Helden unserer eigenen Rebellion erhoben: auf einmal war 1968.

Und doch unterschieden wir uns voneinander. Sophokles, Kleist, Brecht: Er wollte sie spielen, spielen und wieder spielen, fasziniert von den Ausdrucksmöglichkeiten der antiken Tragödie, wir aber wollten wissen, worum es geht, in diesen Stücken. Wir wollten wissen, was sie mit uns zu tun haben. Ihm war die Größe des Theaters das Maß aller Dinge, uns der Mensch – ohne maßlos sein zu wollen. Die Unbedingtheit der Mittel, ein Ziel zu erreichen: kein Vorbild für uns, aber wir respektierten sie.

So ähnlich verhielt es sich mit Sophokles. Von Sophokles heißt es, er wäre „to pan oikonomon Homerikos onomazeto“, also praktisch einer, der alles dermaßen in Ordnung bringt, dass man ihn einen Homerischen nennt. Sophokles gehört zu den großen Liebenden, er liebt in der Ehe, er liebt außerhalb der Ehe und er liebt auch die Knaben. Seinen Kollegen Euripides muss er etwas kritisieren, weil dieser sich ausschließlich der ehebrecherischen Frauenliebe hingibt, also so geht's ja nicht! Mit fünfzig schreibt Sophokles die **Antigone**, mit fünfzig inszeniert unser Griechischlehrer auf der Bühne des Gymnasiums die **Antigone**. Wer immer die **Antigone** gesehen hat, weiß fortan, was Größe ist, welcher Größe es bedarf, das Leben und den Tod auf sich zu nehmen. Ihr Grab ist ihr Brautgemach, die Liebe verbindet sich mit dem Tod und überwindet ihn.

Zu Tode erschrocken aber war unser Sammy, als wir nach einer Aufführung der **Maßnahme** eine kleine Spontandemonstration in der Schule veranstalteten. Eines unserer schnell hingepinselten Plakate trug die Aufschrift: „Brecht hat recht!“ Sammy wurde nicht schlau daraus. Wir selber auch nicht.

1952 schreibt Brecht in Ost-Berlin: „Ich habe meine Meinungen nicht, weil ich hier bin, sondern ich bin hier, weil ich meine Meinungen habe.“ Wenn es eng wurde, zog er sich nach Buckow zurück, in den märkischen Sand, in sein Häuschen am See, aber da wurde es noch enger, nicht politisch, aber seiner Frauengeschichten wegen. Zuletzt ging es nur noch um seine Mütze. Er starb, noch gar nicht alt, ein Augsburger in der Ostberliner Charité.

Immerhin musste er nicht mehr miterleben, wie der Chef der Staatssicherheit zu den Abgeordneten in der Volkskammer sagte: „Ich liebe euch alle!“ Darüber mussten selbst die Abgeordneten der Volkskammer lachen. Und natürlich lachten auch die Götter. Menschen, die sich zu Giganten erheben wollten, hatten sich wieder einmal nur als Kleinbürger entpuppt, allerdings als besonders mickrige. Keiner nahm mehr Notiz davon, als Mielke starb. Allerdings starb auch unser Griechischlehrer von niemandem bemerkt, völlig vereinsamt. In seine Todesanzeige hat ein Schüler in griechischen Buchstaben, denen nur der Akzent gefehlt hat – nein nicht den Satz, dass man nicht erzogen wird, wenn man sich nicht schindet, sondern den Satz aus der **Antigone** des Sophokles gesetzt: „Polla ta deina kouden anthropou deinoteron pelei.“ Viel Schreckliches tritt ein, aber nichts Schrecklicheres als der Mensch. Aber heißt es nicht auch, dass die Götter in all ihren Werken lachen?

Gauweiler

Man verliert im Lauf der Zeit leicht den Überblick. Vor allem wenn man bedenkt, dass von dem königlich bayerisch humanistischen Gymnasium, dem wir alles verdanken, was wir wissen, auch der Gauweiler seine Absolvia herhat. Und sich als Schüler von der Trambahn noch lieber die Füße hätte abfahren lassen wollen, als zehn Pfennig mehr zu bezahlen für eine Fahrt. „Lasst's mi, lasst's mi!“ hat er geschrien, wie wir ihn weggetragen haben, aber wir haben ihn trotzdem von den Gleisen heruntergeschleift. Und das war auch gescheiter so, weil ohne Füße hätte er ja noch wesentlich mehr Straßenbahn fahren müssen als vor der Erhöhung. Wer denkt heute noch an so etwas, wenn er den Namen „Gauweiler“ hört? Später, wie er schon Kreisverwaltungsreferent gewesen ist und dafür gesorgt hat, dass das Bier wieder gescheit eingeschenkt wird, treffen wir ihn zufällig prompt im Biergarten und sagen zu ihm: „Woaßt eh, was mir von dir halten, aber des hast gut gmacht mit dem Einschenken!“ Allerdings hat sich da der Gauweiler schon recht reserviert zurückgelehnt, obwohl man sich auf einer Bank im Biergarten gar nicht gut zurücklehnen kann und hat uns ordentlich Bescheid gegeben, indem er gesagt hat: „Ein Papst lässt sich nicht von Stalin loben!“

Mythos Schellingstraße

Es gab in den späten sechziger Jahren keinen Numerus Clausus für Germanistik. Du hast etwas, was dein Landesvater Franz Josef Strauß jedem seiner Gesprächspartner abringt, nämlich die positive Antwort auf die Frage: „Ham Sie überhaupt Abitur?!“ „Ja, hab ich.“ Ich empfinde es zwar nicht als zwingend notwendig, dass man es hat, um überhaupt – aber so ist nun einmal, so ist das nun einmal gewesen in einem Land, das sich Freistaat genannt hat und nennt. Und ich habe es halt. Ich nähere mich mit der beglaubigten Abschrift des Reifezeugnisses den nährenden Brüsten der Alma Mater, mich den akademischen Wissenschaften hinzugeben. In Sonderheit der Deutschen Philologie, von der ich dachte, sie würde mir die Seele der Poesie, der all meine insgeheime Sehnsucht gilt, vermitteln.

Es trifft sich, dass sich dieses Institut für Deutsche Philologie gleich am Beginn der Schellingstraße befindet. Was für ein gutes Vorzeichen: Schelling, der große Schelling!

Friedrich Wilhelm Joseph von Schelling war von 1806 bis 1820 und von 1827 bis 1841 Mitglied und Vorstand der Akademie der Wissenschaften, er war Mitbegründer der Akademie der Bildenden Künste und von 1827 bis 1841 Professor an der Universität. Er schreibt: „Die Aufgabe des Dichters besteht darin, die Idealität im Kunstwerk wiederherzustellen.“ Wird gemacht, Schelling! „Die Weltpoesie, die um das Ding herum ist, wird durch die Einbildungskraft verdichtet und dadurch wird die Erlebbarkeit der unendlichen Göttlichkeit ermöglicht.“ Wunderbar, Schelling, ein Traum! Freilich sagt Schelling auch, dass Dinge nur allegorisch dargestellt werden können, „die Allegorie kennzeichnet das wahre Wesen der Dinge“. Das klingt schon komplizierter. Aber dafür geht man schließ-

lich ein Germanistikstudium an, damit man weiß, irgendwann einmal weiß, was eine Allegorie ist! Vielleicht ist es auch ganz einfach, zum Beispiel dass „die Dinge Elemente eines göttlichen Unendlichen sind".
Das muss ansteckend wirken, diese Vorstellung, dass die Dinge Elemente eines göttlichen Unendlichen sind und nicht als solche erkannt werden können. Lou Andreas Salomé ist Anfang 1897 bei der Afrikaforscherin Frieda von Bülow in der Schellingstraße zu Gast – ehe sie mit Rilke nach Wolfratshausen, ins Isartal südlich von München, geht. Das Zusammentreffen mit ihm hat schellinghafte Ausmaße, 1934 erinnert sie sich in ihrem „Lebensrückblick" daran: „War ich jahrelang Deine Frau, so deshalb, weil Du mir das erstmalig Wirkliche gewesen bist, Leib und Mensch ununterscheidbar eins, unbezweifelbarer Tatbestand des Lebens selbst. Wortwörtlich hätte ich Dir bekennen können, was Du gesagt hast als Dein Liebesbekenntnis: ‚Du allein bist wirklich.' Darin wurden wir Gatten, noch ehe wir Freunde geworden, und befreundet wurden wir kaum aus Wahl, sondern aus ebenso untergründig vollzogenen Vermählungen. Nicht zwei Hälften suchten sich in uns: die überraschte Ganzheit erkannte sich erschauernd an unfasslicher Ganzheit."

Genau, wunderbar, fast noch besser als Plato! Von der Schule zur Hochschule schien es wirklich nur aufwärts weiter zu gehen. Schien. Allerdings Pech gehabt: Numerus Clausus hin, Numerus Clausus her, wenn man seinerzeit erst um zehn sich vom Bett aus auf den Weg macht, wo man beileibe anwesend sein muss und nicht nur virtuell, kann es passieren, dass die Alma Mater, in Sonderheit der Deutschen Philologie, leider schon voll ist um elf Uhr und du leider nicht mehr im Spiel bist. Du stehst in einer öden Schlange im öden Hof eines öden Baus, der so auch in der DDR stehen könnte, und man teilt dir aus einem Fenster im dritten Stock mit, dass die Anmeldung für Erstsemester abgeschlossen ist. Das Institut ist bereits jetzt überfüllt. Auf Wiedersehen! Dumm gelaufen. Kannst gleich wieder heimgehen. Auf dem Starnberger See rumdümpeln, mit schwerfälliger Jolle eine Art von Segeln. Kalterer See Doppler trinken. Philosophie der griechischen Antike auf sich selbst und die eigene Situation beziehen. Schelling kannst du vergessen!

Da aber, plötzlich, aus dem Fenster im dritten Stock des Instituts für Deutsche Philologie, aus dem soeben verkündet worden war, dass die Anmeldung für Erstsemester abgeschlossen ist, schieben sich andere Gesichter in den Vordergrund, Gesichter von Bärten umrahmt, Köpfe mit wilden Haaren. Megaphone vergrößern den Mund in diesen Gesichtern, sie verstärken die Stimmen. Karteikästen tauchen auf, gefüllt mit gelben Karteikärtchen. Die Karteikästen werden auf die Fensterbretter geschoben, ziemlich weit hinaus, sodass sie in ein labiles Gleichgewicht geraten. Aus einem der Megaphone ertönt laut und blechern eine Ansage. „Genossinnen und Genossen!", tönt die Stimme. Oho, Genossen sind wir! Das haben wir ja noch gar nicht gewusst. „Genossinnen und Genossen! Hier spricht die Rotzeg!" „Rotzeg"? Was mag sich dahinter verbergen? Keine Ahnung. Klingt aber gut, so rotzig! Was die Rotzeg verkündet, ist noch besser: „Genossinnen und Genossen! Ihr seid alle aufgenommen!" Und zum Zeichen, dass es keinen Unterschied gibt, zwischen denen, die es schon als Karteikärtchen in die Karteikästen geschafft hatten, und denjenigen, die noch im Hof Schlange stehen, werden die Karteikästen noch weiter ins Freie geschoben, vom Absturz jeweils nur noch durch Fingerdruck gehalten. Und wie die Stimme aus dem Megaphon lauthals „Solidarität mit der Roten Zelle Germanistik" verkündet, bekommen die Karteikästen einen kleinen Schubs, sie verlieren ihr Gleichgewicht. Tatsächlich, die Dinge scheinen Elemente eines göttlichen Unendlichen zu sein, Schelling hat Recht. Und wir stehen in diesem öden Hof eines öden Gebäudes, das so auch in der DDR stehen könnte, und wie die amerikanischen Helden, die aus dem Weltraum in die Fifth Avenue zurückkehren, tauchten auch wir in einen Konfettiregen ein, in den Konfettiregen gelber Karteikärtchen formal schon Aufgenommener, doch auch wir waren nunmehr aufgenommen, ganz im Sinne Schellings: „Die Weltpoesie, die um das Ding herum ist, wird durch die Einbildungskraft verdichtet und dadurch wird die Erlebbarkeit der unendlichen Göttlichkeit ermöglicht."

Das Gefühl, dass man direkt blöd wäre, keine Revolution zu machen, wenn es so einfach ist, eine zu machen, hatte sich noch einmal verstärkt in der Schellingstraße. Schellings Denken ist eine „Philosophie im Werden", und wo gibt es ein Wirtshaus, über dessen Eingang das Porträt eines großen Philosophen platziert ist, in Gold – ehe man den Queues der Billardspieler ausweichen muss? Im Schelling-Salon. Reine Transzendentalphilosophie. Bis 1923 hatte Hitler seinen Stammplatz im Schelling-Salon, den „Hitlertisch", wie er noch immer heißt, bis ihn der Vater des jetzigen Wirtes „nimmer kreditierte", worauf Hitler in die Osteria daneben auswich, die vorher das Stammlokal u.a. von Max Halbe, Joseph Ruederer und Lovis Corinth gewesen ist. In der Osteria Bavaria, heute Osteria Italiana, Schellingstraße 62, trifft Hitler sich „mit dem mageren Leutnant Rudolf Heß mit seinem fanatischen Lehramtskandidatengesicht", mit Röhm, „das studentisch zerhackte fettrote Mopsgesicht", mit dem „bezwickerten kleinäugigen Himmler mit seinem harmlos beflissen aussehenden Bürovorstehergesicht", die nahezu komplette spätere Reichsregierung auf einen Blick, gegen die ein Göring noch direkt „einnehmend und gut" aussah, so beschreibt es Oskar Maria Graf. Es ist seltsam, wie das Wesen einer Straße mit den Ideen der Menschen, die mit und in ihr zu tun haben, zusammenhängt. Sie ist die Straße der Nazis, aber sie ist auch die Straße, die durch die Literatur geradezu geistert, und die Literatur durch sie: in Ödön von Horváths **Spießer** zum Beispiel und dann noch einmal in Walter Kolbenhoffs Nachkriegsbuch **Schellingstraße 48**, in der die entstehende **Gruppe 47**, die maßgebende Gruppe bundesdeutscher Nachkriegsliteratur, einen ersten Ort ihres Zusammenkommens fand.

Schellingstraße 48 nennt Kolbenhoff im Untertitel **Erfahrungen mit Deutschland.** Es stellt die Situation der deutschen Literatur nach dem Zusammenbruch des „Dritten Reiches" dar. Geschrieben hat er es in den Jahren 1981 bis 1983 in Germering bei München, dem Ort, „an dem ich am längsten gelebt habe". Dort ist 1993 der als Walter Hoffmann 1908 in Berlin geborene Kolbenhoff auch gestorben. Befreundet mit dem marxistischen Psychoanalytiker Wilhelm Reich, arbeitet er in der Weimarer Republik als Journalist für die **Rote Fahne**, wird aber wegen seines 1933 im Exil erschienenen Buches **Untermenschen** aus der KP ausgeschlossen. Von Reich angeregt, betreibt er darin die Überlegung, weshalb die deutsche Arbeiterklasse sich nicht geschlossen gegen die Nazis gewehrt habe. Kolbenhoff erblickt im deutschen Kadavergehorsam eine der Ursachen.

Im Lager Fort Kearney in den USA wird er zusammen mit anderen antifaschistischen deutschen Kriegsgefangenen wie Alfred Andersch und Hans Werner Richter auf die Demokratisierung im Nachkriegsdeutschland vorbereitet. Andersch beginnt dort bereits sein Buch **Die Kirschen der Freiheit.** 1946 werden sie nach

Deutschland entlassen, sie kommen, allerdings zu unterschiedlichen Zeiten, auf getrennten Wegen und ohne voneinander zu wissen, nach München. Kaum angekommen entsinnt sich Kolbenhoff – „München, ach München ...“ – seiner besonderen Faszination für einen Bayern, den er leider nie persönlich kennengelernt, aber dessen Buch **Wir sind Gefangene** sein „Leben verändert“ habe: Oskar Maria Graf. München ist allerdings nicht wiederzuerkennen: „Ich hatte nur die Stadt sehen wollen. Aber es gab keine Stadt. Es gab nur diese, den Geist betäubende Wüste. Die Wesen in dieser Wüste glichen Gespenstern. Männer in zerschlissenen Uniformen, Frauen in abgetragenen Kleidern und Mänteln. Die Gesichter waren ohne Ausdruck, die Augen tiefliegend und ohne jegliche Regung. Kinder sah ich nicht. Mich ergriff eine ungeheure Einsamkeit und Verzweiflung.“ Durch Zufall findet er an einem „ehemaligen Platz“ auf einer Bretterwand, welche ein „wie mit Schimmel überzogenes, großes Gebäude in pseudogotischem Stil“ verkleidet – es ist das Rathaus – einen Zettel unter hunderten anderer, der von Alfred Andersch stammt, mit der Angabe „Schellingstraße 39“. Kolbenhoff sucht sich den Weg: „In der Straße, durch die ich jetzt ging, war die eine Seite der Fahrbahn für den spärlichen Verkehr von den Trümmern befreit worden, auf der anderen lagen Schienen auf dicken Holzbohlen und darauf schoben sich ächzend, lärmend eine lange Reihe von trümmerbeladenen Loren, die von einer kleinen, heftig schnaufenden Dampflokomotive gezogen wurde. Endlich stand ich vor dem Haus Schellingstraße 39. Es trug ebenfalls Wunden des Krieges.“

Andersch klärt ihn unverzüglich auf: „Du befindest dich in der Redaktion der Neuen Zeitung, einer amerikanischen Zeitung für die deutsche Bevölkerung!“ Er zeigt Kolbenhoff ein Exemplar im gleichen Format wie der **Völkische Beobachter.** „Erst haben die Alliierten versucht, die Zeitungsgebäude zu zerbomben, trafen aber daneben und haben die Arcisstraße und die Straßenzüge dahinter dem Erdboden gleichgemacht. Die Gebäude hier haben kaum was abbekommen. Die Rotationsmaschinen blieben intakt. Jetzt haben die Amis alles, was sie brauchen, um eine Zeitung zu machen. Wann fängst du an?“ Kolbenhoff soll sofort anfangen: „Wir sind dabei, eine neue deutsche Republik aufzubauen, und wir wollen nicht dieselben Fehler machen, die sie damals in Weimar gemacht haben.“ Kolbenhoff kommt gar nicht mit, in der Geschwindigkeit, mit der sich ihm plötzlich eine Zukunft eröffnet. Andersch will ihn gleich dem Feuilletonchef vorstellen, von dem Kolbenhoff erst gar nicht begreifen kann, dass es sich wirklich um den

„Dichter" Erich Kästner handelt.
„What a day, dachte ich, als ich wieder draußen in der Schellingstraße stand."
Ob freilich München je wieder leuchten wird, bezweifelt er stark, als er, auf einem Stein hockend, an einem Stück Brot kaut und ihm dabei Thomas Mann einfällt. „Aus den zerklüfteten Schluchten, die einmal der Viktualienmarkt gewesen waren, herkommend, jagten gelbliche giftfarbene Gebilde. Der Wind hatte einen guten Anlauf, wenn er, von der zerklüfteten Wüste kommend, am Alten vorbei, mit voller Wucht in die Ruinen fuhr und sich, den gelben Grind mit sich führend, durch die Theatinerstraße in die Ludwigstraße stürzte."

Kolbenhoff aber veröffentlicht fortan Feuilletonbeiträge in der **Neuen Zeitung,** die tatsächlich seit dem 18. Oktober 1945 erscheint. Die personelle Besetzung ist hochkarätig: Hans Habe, Alfred Kerr, Erich Kästner, Stefan Heym gehören zu den Herausgebern der Neuen Zeitung, die auf den Maschinen des **Völkischen Beobachters** gedruckt und mit dessen Lettern gesetzt wird – die letzte Ausgabe vom 30. April 1945 mit Berichten über die erfolgreiche Verteidigung Münchens war nicht mehr ausgeliefert worden.

Andersch aber will mehr, er will die Zeitschrift für Kriegsgefangene, die es schon in Fort Kearney gegeben hatte, fortsetzen, den **Ruf.** „Andersch wollte gegen die Kollektivschuldthese und für einen europäischen demokratischen Sozialismus kämpfen", ein aus Sicht der Alliierten von Anfang an prekäres Programm. Kolbenhoff bringt Andersch und Hans Werner Richter zusammen. In seiner Wohnung in der Schellingstraße 48 wird seit dem 25. August 1946 **Der Ruf. Unabhängige Blätter der jungen Generation** erstellt: „**Der Ruf** wurde über Nacht in allen Zonen zum Sprachrohr der heimkehrenden Jugend. Sofort waren hunderttausend Exemplare verkauft, weitergegeben und von noch viel mehr Menschen gelesen. Richter und Andersch hatten den Nerv dieser Zeit getroffen. Es war ein Triumph!"

16 Nummern lang sind Hans Werner Richter und Alfred Andersch für den **Ruf** verantwortlich. Der 17. war „den Amis zu viel". Die Herausgeber und Autoren fühlten sich aus amerikanischer Sicht zu frei: Ihrer Meinung nach hatten diese jungen Männer den Krieg ja gewonnen, die Nazis hatten ihn verloren. **Der Ruf** verhallte,

die Zeitschrift mit dem Titel **Skorpion,** die, um der amerikanischen Zensur zu entgehen, nur noch literarische Themen aufgreifen sollte, kam dennoch nicht über die Nullnummer hinaus – Hans Werner Richter lud die beteiligten Autoren zu einem Treffen ein, denn dass sie sich gegenseitig ihre Texte vorlesen, deren Veröffentlichung verboten war, konnten auch die Amerikaner nicht verhindern. So wurde die **Gruppe 47** geboren, denn vom 5. bis 7. September 1947 setzten sich erste Autoren um Hans Werner Richter und Alfred Andersch im Hause der Schriftstellerin Ilse Schneider-Lengyel am Bannwaldsee bei Füssen zusammen. „Die Fische lieferte der See", erinnert sich Toni Richter, Hans Werner Richters Frau, und „als zum nächsten Mittag auf ihren schönen Porzellantellern Krebse, garniert mit Salatblättern an jedem Platz standen, war ich hingerissen. Mein Gott war das Leben schön!" Der Genuss der bayerischen Naturschönheiten und die Formierung einer neuen literarischen Stimme finden sich hier in besonders glücklicher Weise zusammen; im Allgäu entsteht so eine Gruppierung, aus der nicht nur zwei Nobelpreisträger hervorgehen sollten, sondern auch die nahezu vollständige Elite der deutschen Nachkriegsliteratur.

In der Schellingstraße 48 hatten sie sich alle getroffen, allein die Aufzählung der Namen erfordert eine halbe Seite. Heiner Ledig-Rowohlt war der erste Besucher, „der junge, schöne und vielversprechende" Wolfgang Bächler der zweite. Es folgen zum Beispiel Luise Rinser, Fritz Kortner, Wolfdietrich Schnurre, Hermann Kesten, Inge Scholl, Walter Mehring „und natürlich Günter Eich". Durch Bächlers **Traumprotokolle** aus dem Jahre 1972 wandern Mitglieder der **Gruppe 47** und andere zeitgenössische Geistesgrößen wie Bloch, Brecht oder die Weigel. **Bächler träumt die Realität,** so lautet der Untertitel, doch ist es oft genug eher ein Alptraum, den Bächler da träumt – Alptraum einer sogenannten freien Schriftstellerexistenz in einer sogenannten freien Gesellschaft. Der 1925 in Augsburg geborene Bächler, der nach einer langen Zeit in Frankreich in eine Parallelstraße der Schellingstraße, in die Blütenstraße gezogen war, wäre in seinen Träumen so gern ein Vermittler zwischen West und Ost, doch scheitert er. Auch mit dem Literaturbetrieb hat er so seine Probleme. Ein Mitglied der **Gruppe 47** spricht er mit falschem Namen an, nach einem Gespräch mit Helene Weigel kommt ihm „alles verkocht" vor – geborgen fühlt er sich allenfalls bei Kolbenhoffs in der Schellingstraße 48.

In unmittelbarer Nachbarschaft befand sich der Metzgerladen des Vaters von Franz Josef Strauß, zunächst in der Schellingstraße 49, dann 44. Zur Kundschaft gehörte auch Heinrich Himmler. Vater Strauß war Mitglied der Bayerischen Volkspartei. Franz Josef Strauß schilderte sein Elternhaus stets als militant katholisch, monarchistisch und antipreußisch, auch als strikt antinationalsozialistisch. Als Fünfjähriger bekam er Prügel vom Vater, weil er Flugblätter für die Nationalsozialisten ausgetragen hatte.

Als Absolvent des Max-Gymnasiums 1934 wird Strauß bester Abiturient Bayerns, also Stipendiat des Maximilianeums, sein Staatsexamen war das beste seit 1910 in Bayern. Von 1939 bis 1945 bei der Wehrmacht, doch ohne braune Flecken, begann eine geradezu unglaubliche Karriere. Bereits 1946 war er im Landesvorstand der CSU, er wurde Delegierter im Frankfurter Wirtschaftsrat, 1949 Mitglied des ersten Deutschen Bundestages. Am 8. Februar 1952 hält er eine Rede, von der die FAZ befindet: „Wie ein Panzer brach er aus dem Unterholz hervor, alles, was sich ihm in den Weg stellte, niederrollend." 1956 ist er Verteidigungsminister, als der er 1962 wegen der Spiegel-Affäre zurücktreten muss, doch ist er schnell wieder dabei, als Finanzminister 1966 in der Großen Koalition. 1978 wird er bayerischer Ministerpräsident, scheitert 1980 als Kanzlerkandidat. Und natürlich heiratet so jemand eine Brauereibesitzerstochter, nämlich Marianne Zwicknagl aus Rott am Inn. Mit seinem Privatwagen fährt er durch die DDR, verspricht honorige Kredite, von denen später gesagt wird, sie hätten das Überleben der DDR noch auf ein paar Jahre länger gesichert, er trifft sich mit Gorbatschow, mit Mao Tse Tung – und mit Chiles Diktator Pinochet. Aus den Untiefen der Schellingstraße wurde schon immer Politik gemacht. Am 3. Oktober 1988 findet Strauß seinen Tod auf der Jagd bei Thurn und Taxis. Die Familiengruft wurde auch schon einmal von einem Finanzminister des Freistaat Bayern gepfändet – es gibt wirklich nichts, was in der Geschichte dieses Mannes nicht vorkommt. Eher denkt man an einen Roman als an ein wirkliches Leben. Die Schellingstraße: ein Mythos der Moderne.

Gleich mitten in der Schellingstraße setzt auch der erste Satz des Romans **Der ewige Spießer** von Ödön von Horváth ein: „Mitte September 1929 verdiente Herr Alfons Kobler aus der Schellingstraße sechshundert Reichsmark. Es gibt viele Leute, die sich soviel Geld gar nicht vorstellen können.“ Unverzüglich bekommt Kobler „einen elastischeren Gang“ und kauft sich „an der Ecke der Schellingstraße“ eine „Schachtel Achtpfennigzigaretten, direkt aus Mazedonien“. Das Geld ist Erlös aus dem Verkauf seines „Karren“, wie er ihn nennt, einen „ausgeleierten Sechszylinder“. Ein Käsehändler aus Rosenheim namens Portschinger kauft den Wagen, über den Bahnhofsplatz geht die Fahrt und über den Marienplatz, wo ein Schutzmann brüllt: „Schließen Sie doch den Auspuff!“ Es ist „schon schöner so im eignen Kabriolett als auf der stinkerten Bahn“, meinte da der Herr Portschinger. Und: „Er strengte sich nicht mehr an, hochdeutsch zu sprechen, denn er war sehr befriedigt.“

Kurz vor Rosenheim überschlägt sich nach bereits zwei Pannen das schicke Kabriolett, das infolgedessen „einen dampfenden Trümmerhaufen bildete“. Kobler wohnte „an der übernächsten Ecke der Schellingstraße“ bei einer Witwe Perzl, deren Mann ein versoffener Arzt gewesen ist: „Er stammte aus einer angesehenen, leichtverblödeten christlichsozialen Familie und hatte sich im Laufe der Vorkriegsjahre sechs Häuser zusammengeerbt.“

Kobler seinerseits beschließt von dem Geld, das er eigentlich einer verflossenen Schauspielerin schuldet, eine Reise zur Weltausstellung nach Barcelona zu buchen. Am Abend zuvor besucht er sein Stammlokal, den Schelling-Salon, bestellt sich einen Schweinsbraten und versucht der Bedienung zu imponieren, indem er ihr seine Reisepläne offenbart, was freilich misslingt: „Geh, wer werd denn so blöd sein!“, sagt sie. Auch dem Fräulein Anna Pollinger gegenüber, das ebenfalls in den Schelling-Salon kommt, gibt er damit an, doch hegt das Fräulein Pollinger andere Gedanken: „Dann wird es also heut nacht nichts.“ „Nein“, sagt Kobler. „Niemand garantiert dir, Alfons Kobler, kein Gott und kein Schwein, so ging es ihn ihm zu.“

1968

An den „Notstandsgesetzen" entzündete sich der Volkszorn: Die Notstandsgesetze wurden am 30. Mai 1968 vom Deutschen Bundestag verabschiedet. Mit dieser Änderung des Grundgesetzes wurde eine Notstandsverfassung eingeführt, um die Handlungsfähigkeit des Staates in Krisensituationen zu sichern. Mit „Restauration, Neofaschismus und Notstandspläne" fasste ein Flugblatt die Kritik der „Außerparlamentarischen Opposition" zusammen und mit „Fortschritt, Frieden, Freiheit" die Forderungen. In den letzten Maitagen des Jahres 1968 wehten am Siegestor die Transparente gegen die Notstandsgesetze.

29. Mai 1968
Die Protestierenden stürmten den Münchner Hauptbahnhof und besetzten die Gleise.

Am folgenden Tag verabschiedete der Bundestag die Notstandsgesetze.

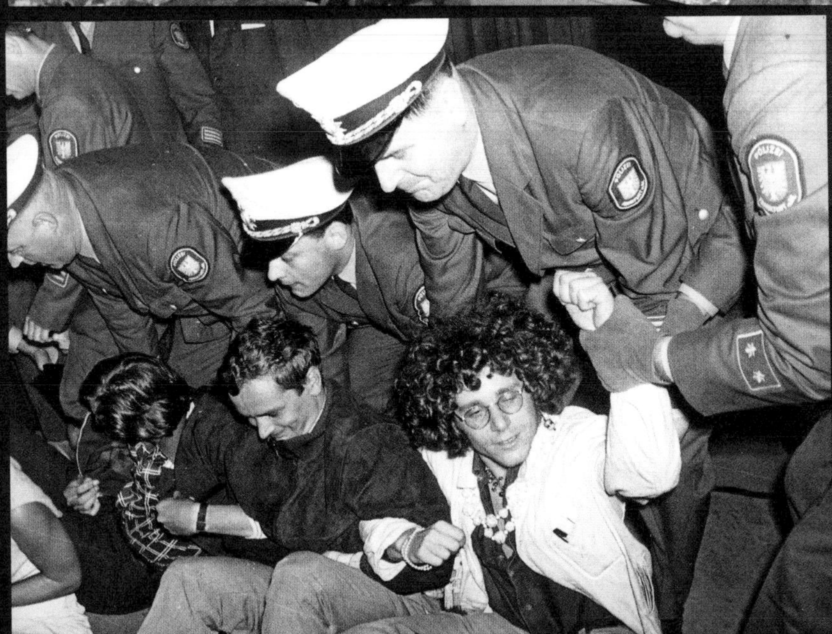

Sitzstreik auf dem Lenbachplatz
am 30. Mai 1968

Die Kunstakademie war einer der wildesten und durchaus originell bespielten Schauplätze der Studentenrevolte.

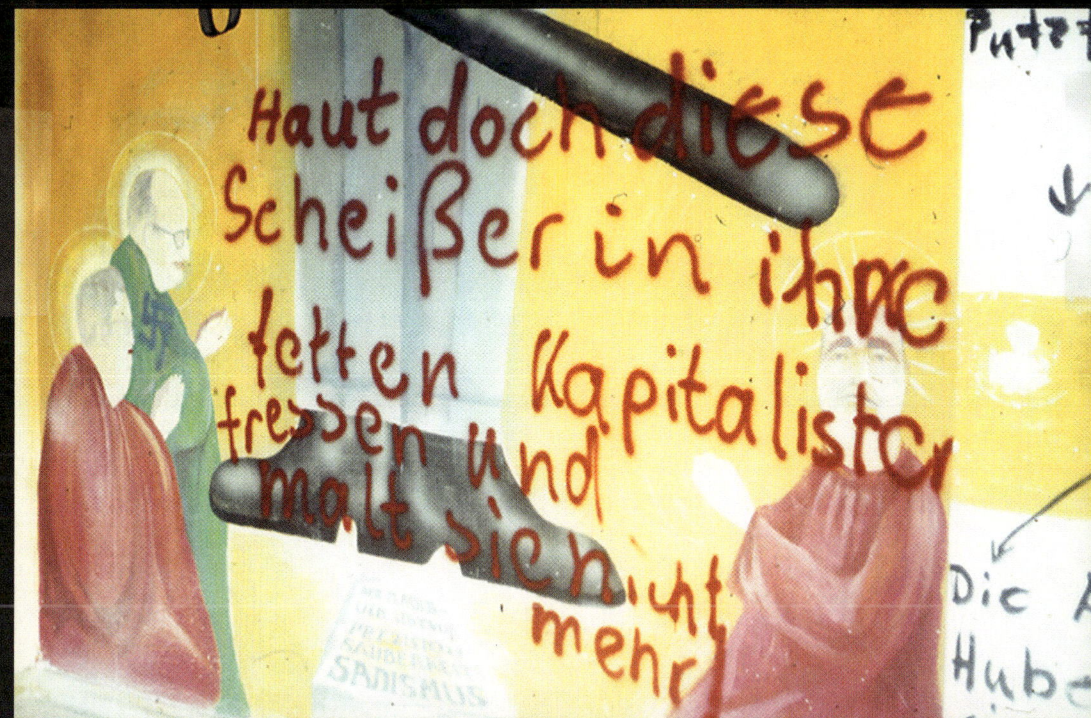

Diese Bilder machte der Hausmeister.

NOTSTAND
TEACH-IN

each-in, Sit-in oder einfach nur
umsitzen ...

... die Welt retten ...

Der Verfasser ...

1970 er JAHRE

... hier nach der Marx-Schulung.

Zwischenprüfung

Es gab aber dann in diesem Institut für Deutsche Philologie keinen Ödön von Horváth, keinen Oskar Maria Graf, keinen Günter Eich, keinen Richter, Andersch oder Kolbenhoff, mithin keine **Gruppe 47**, all das gab es nicht an einem Institut, von dem ich dachte, es habe sich der Poesie verschrieben, in Sonderheit der deutschen Literatur. Dafür war so etwas gefragt wie eine generative Transformationsgrammatik, auch interessant, aber das verstand ich nicht. Ich leitete einmal einen Beitrag in einem Seminar so ein, dass ich zu dem Herrn Professor sagte, der Herr Professor sei doch gewiss unserer Meinung, aber mehr konnte ich gar nicht sagen, denn der Herr Professor unterbrach mich an dieser Stelle und sagte, er sei überhaupt nicht meiner Meinung.

Ich flüchtete aus der Schellingstraße unter das Dach des Hauptgebäudes der Universität an der Ludwigstraße, in den Irrelevanzgang. Wohlmeinende sprachen von sogenannten Orchideenfächern. Institute wie das für Byzantinistik, Antike Religionsmythologie oder Alte Geschichte hatten in diesem Gang ihren Standort. Dort war die Welt wieder überschaubar. Hier war Heimat. Das Klo hatte eine Holzbrille. Die Sekretärin war ein Drachen und der Drache hatte einen Dackel. Er lag quer vor dem Schreibtisch des Drachens, und wer ein Problem mit dem Dackel hatte, hatte ein richtig großes Problem, ein fettes Problem, wie man heute sagen würde. Der Drachen verweigerte ihm jeden weiteren Zugang, überall hin: in die Bibliothek, ins Seminar, zum Weiterstudium – keine Chance.
Aber auch wer die Mutproben mit Dackel und Drachen erfolgreich bestanden hatte, dem stand eine weitere ernsthafte Prüfung bevor, die Zwischenprüfung. Sie sah für alle Historiker unter anderem die Kenntnis von zwei modernen Fremdsprachen vor, mit anderen Worten die Fähigkeit, wissenschaftliche Texte aus zwei modernen Fremdsprachen übersetzen zu können. Diese Regelung galt auch für Althistoriker, die zwar Altgriechisch und Latein beherrschen mussten, selbstverständlich, aber eben auch Sprachen, die sie nicht auf ihrem großartigen humanistischen Gymnasium lernen konnten – eine von vielen vollkommen sinnlosen Regelungen, mit denen eine Bürokratie seinerzeit der nachwachsenden Generation nicht Wege eröffnen wollte, sondern ihre Aufgabe darin sah, den Jungen möglichst viele Steine in den Wege zu legen. Ohne bestandene Zwischenprüfung kein Weiterstudium, Dackel hin, Drache her. Vielleicht sollten

Repräsentanten solcher Sinnverwaltung sich im Nachhinein auch nicht zu sehr verwundern, dass Steine zurückflogen.

Es begann aber ganz harmlos. Plötzlich klebten überall Zettel mit der Aufschrift: „Die ZP findet nicht statt!" Feine Sache, dass die Zwischenprüfung nicht stattfindet, wenn ohnehin klar ist, dass man durchfliegt, weil man halt nicht so eben mal in ein paar Wochen Französisch oder Italienisch lernen kann und gewaltige Lücken in Englisch auffüllen, und das noch so ganz nebenher. Aber überall stand's: „Die ZP findet nicht statt!" Wieder erwiesen sich die Roten Zellen als äußerst hilfreich, hatten sie doch für den Tag vor der Zwischenprüfung, die nicht stattfinden sollte, eine Versammlung einberufen. In der Versammlung wurden die Prüfungstexte vom morgigen Tag verteilt, und zwar auf Spanisch und Italienisch, denn anderer war man nicht habhaft geworden. Ein Assistent, der mit den Studenten sympathisierte, hatte die Texte weitergegeben, aber eben nur die auf Spanisch und Italienisch, andere hatte er wohl selber nicht. Da damals aber kaum jemand Spanisch und Italienisch konnte, hatten die Roten Zellen, in dem Fall die der Geschichte, gleich noch Übersetzer organisiert, welche die deutsche Version an die Tafel schrieben. Wir schrieben sie auf Spicker, die wir anderen Tags in der Zwischenprüfung, wenn sie denn offensichtlich doch stattfinden sollte, noch einmal abschreiben wollten. Unglücklicherweise fand die Versammlung im Erdgeschoß des Historischen Instituts in der Ainmillerstraße statt, und unglücklicherweise ging ausgerechnet während dieses Vorgangs ausgerechnet jener Professor draußen auf der Straße vorbei, der die Zwischenprüfung für die Historiker zusammengestellt hatte. Möglicherweise kam ihm in einem flüchtigen Seitenblick durch die Fenster auf die Tafel der Text bekannt vor, wahrscheinlich. Denn anderen Tags – so viel Spanisch und Italienisch konnte man auch, wenn man kein Spanisch und Italienisch konnte – waren die Texte für Spanisch und Italienisch andere, als die, die wir am Vortag übersetzt bekommen hatten.

Aus war's! Also doch durchgeflogen, natürlich! Was heißt da: „Die ZP findet nicht statt!" Erstens findet sie statt, man sitzt ja in ihr drin, mittendrin, und zweitens ist man durchgeflogen, logisch! Alles sowas von sinnlos! Der ganze Gang durchs Bildungsleben, durchs Leben überhaupt! Vergiss es!

Nein, vergiss es nicht, eine Stimme, die sich erhebt im Hörsaal Nummer 101, eine Stimme mit vertrautem Inhalt: „Genossinnen und Genossen: Die Bourgeoisie hat erneut versucht, uns zu bescheißen!“ Das war gut, Super-Umdrehung: Wir, die wir grade die Bourgeoisie bescheißen wollten, beschuldigen die Bourgeoisie, dass sie uns bescheißt, weil sie uns beim Bescheißen erwischt hat! „Nehmt Eure Prüfungsunterlagen“, fuhr die Stimme im Hörsaal 101 fort, „faltet sie zu Papierfliegern und schmeißt sie nach vorne!“

Welche Kompetenzen diese Gesellschaft einfordert, um als ihr vollwertiges Mitglied gelten zu können: Dackel und Drachen widerstehen, Papierflieger falzen und eine gewisse Unerschrockenheit an den Tag legen – oder soll man sagen, aus der Verzweiflung heraus spontan Sand ins Getriebe streuen? In Form von Papierfliegern, die man nach vorne schmeißt im Hörsaal 101?

Tatsächlich, die ZP findet nicht statt. Der Lehrstuhlinhaber sendet einen Assistenten, vermutlich nicht denselben, der die Texte für Italienisch und Spanisch weitergegeben hat, oder auch schon denselben, das wussten wir ja nicht, jedenfalls teilt der Assistent mit, dass jeder, der sein Studium fortsetzen möchte, zu seinem Professor ins Büro kommen könnte, wo die ZP mündlich stattfinden könnte. Spontan beschlossen wir, alle diesem Angebot nachzukommen, gleichzeitig, jetzt. Weil so ein Büro auch nicht so furchtbar groß ist, mussten wir uns auch auf seinen Schreibtisch setzen. In der Zeitung, und nicht nur in der, die einen auffordert, dass man sich eine Meinung bilden soll, stand, dass „wieder einmal eine Institutsbesetzung stattgefunden hat“. Ja, wo soll man sich denn hinsetzen, wenn die ZP nicht stattfindet?

Tatsächlich: Die ZP, sie fand nicht statt. Wieder konnten wir Genossen sein, ohne wirklich welche zu sein, aber genossen haben wir es sehr, dass wir wieder einen Schritt weiterkommen konnten, dank der Genossen. Ausgerechnet in der Ainmillerstraße, einer Parallelstraße der Clemens- und der Kaiserstraße, wo Lenin 1901 die Programmschrift **Was tun?** verfasste und die Zeitschriften **Iskra** und **Sarja** drucken ließ; seine Wohnungen hatte er in der Siegfriedstraße 14, Ecke Clemensstraße beim Privatier Josef Filser, der akkurat so heißt wie der Held von Ludwig Thomas sprichwörtlichen Filser-Briefen aus dem **Briefwechsel**

eines bayer. Landtagsabgeordneten, und beim Gastwirt Rittmeyer, dessen Gaststätte als Schwabinger Sektionslokal der SPD diente, in der Kaiserstraße 46, an der von 1968 bis 1970 ein Halbrelief und eine Gedenktafel hingen, die aber heruntergesprengt wurden, sodass man jetzt eben nicht mehr lesen kann: „In diesem Hause lebte vom Sept. 1900 bis April 1901 Wladimir Iljitsch Uljanow Lenin, der Gründer des Sowjetstaates."

Wienerwald

Es ist wirklich eine feine Sache, wenn die ZP nicht stattfindet. Aber es ist eine ziemlich dumme Sache, wenn man weiterstudieren möchte, aber nicht kann, weil man ohne diesen Nachweis in kein Hauptseminar aufgenommen wird. Da hätte man gleich durchfliegen können. Wenn nicht ein Professor der Geschichtswissenschaft 250 Rebellen in sein Hauptseminar aufgenommen hätte, das Zehnfache des sonst Üblichen, aufgeteilt in Gruppen, die eine Gruppenarbeit abzugeben hatten, ein innerhalb der Universität nahezu revolutionärer Vorgang, zu Wege gebracht nicht durch die revolutionäre Studentenschaft, sondern durch Professor Karl Bosl. Wir sollten uns ein Thema für dieses Hauptseminar aussuchen. Wir wählten **Die Räterepublik in München.** Ort: Institut für Bayerische Geschichte, Ludwigstraße; früher war in diesem Gebäude das Bayerische Kriegsministerium untergebracht. Bosl fand, dass das ein interessantes Thema ist.

Vehement verteidigte er es gegenüber seinen Assistenten im Wienerwald, was wir zufällig mitbekamen, weil auch wir in den Wienerwald gingen, unweit des Instituts. Der Wienerwald war auch eine Institution. In der Amalienstraße 23 hatte Friedrich Jahn, genannt der „Hendlkönig", am 1. März 1955 sein erstes Lokal eröffnet. „Im selben Jahr", wie er in seiner Autobiographie **Vom Kellner zum Millionär – und zurück.** Ein Leben für den Wienerwald schreibt, „in dem die Bundesrepublik für souverän erklärt wurde und Österreich seinen Staatsvertrag erhielt, wurde auch ich endgültig selbständig". So erhebt man sich selbst zum Mythos, indem man seine individuelle Biographie mit den Wirkungsmächten der Geschichte verbindet. In dem Wienerwald gab es einen Wein, der fast so billig war wie der Doppler, den wir in der Schulzeit auf dem Starnberger See getrunken hatten, mit Namen Fideles Äffchen, auch so ein Kopfspalter und Wegschädler.

Die Leopoldstraße machte München zur Großstadt und Schwabing zur Legende: Sie war Treffpunkt der Szene, glamouröse Flaniermeile und Inbegriff des Savoir-vivre ...

KOSMETIK

RESSO
BÜROBEDAR

TANZ

Studentenleben bei Tag ...

... und bei Nacht

Wie alle Genies bedient sich Jahn der einfachsten Methoden, sein Genie zum Ausdruck zu bringen. Er fährt mit dem Fahrrad in München auf den Viktualienmarkt, kauft ein paar Suppenhühner, packt sie in den Rucksack, wobei er möglichst spät hingeht, weil da „alles Verderbliche am billigsten" ist, und bringt sie nach Hause zu seiner Frau. Frau Jahn verkocht die Hühner zu Suppe, weil sie im Lokal noch keine Küche haben, nur einen Rechaud, auf dem die Suppe aufgewärmt wird. Also wird die Suppe von Frau Jahn in der Wohnung in der Mauerkircherstraße, wo ums Eck auch schon einmal Thomas Mann gewohnt hat, vorgekocht, von wo aus sie in Milchkannen auf dem Fahrrad in das Lokal in die Amalienstraße verbracht wird, unmittelbar benachbart dem Café Stefanie.

Im Jahre 1980 hat der Konzern 24.000 Mitarbeiter, der 1.500. Wienerwald-Betrieb wird in Herrsching am Ammersee eröffnet: „Im Wienerwald-Imperium ging wirklich die Sonne nicht mehr unter", Friedrich Jahn steht historisch Schulter an Schulter mit Philipp V., in dessen spanischem Habsburger Reich die Sonne ebenfalls nicht mehr untergegangen ist. „Ich hatte eigentlich alles erreicht, was ich wollte", resümiert Jahn auf Seite 201, auf Seite 202 folgt der Abstieg. Nun wird der enge Kontext von persönlicher und politischer Geschichte allerdings zum Verhängnis. Jahn meint, dass eigentlich Franz Josef Strauß gemeint gewesen wäre, der abgeschossen werden sollte, aber man nahm eben ihn: „Man schlug den Sack und meinte den Esel." Als gar nichts mehr geht, tritt er als Schrammelmusiker in der Bongo Bar auf, seinerzeit noch im Münchner Ostpark – und als Kellner, womit er wieder da angelangt ist, wo er angefangen hat. Wir wollten auch gerade anfangen, ohne Visionen von einem Weltkonzern, aber von der Welt schon. Und wir hörten aus der Nachbarbox eine unverkennbare Stimme recht laut seine murrenden Untergebenen maßregeln: „Ich teile, meine Herren, nicht die politische Überzeugung dieser Studenten, aber ich werde immer dafür eintreten, dass sie ihre Meinung vertreten können!" Hierauf kehrte Ruhe ein – und wir priesen uns glücklich, dass wir einen so couragierten Lehrer hatten! Die Freiheit des Geistes stand ihm als Professor über allem anderen. Damit hat er uns viel gegeben. Und auch damit, dass Wissenschaft keine dürre Kopfgeschichte ist, sondern leidenschaftliche Herzenssache. Andere Ordinarien holten die Polizei. Er förderte uns.

Ein Polizeirektor

Wir brachten uns in diesem Hauptseminar mit 250 Teilnehmern bei Karl Bosl bei, wie direkte Demokratie in einer Räterepublik funktioniert – und zugleich organisierten wir uns selbst in kleinen Gruppen, übergaben die Gruppenarbeit einem aus unserer Mitte, der sie mit den anderen Gruppenleitern koordinierte und zu einer großen Gesamtarbeit zusammenfasste, die dem Professor übergeben wurde. Inhalt: Räterepublik; Organisationsform: Räterepublik – für mich eine unmittelbare Fortsetzung jener direkten Demokratie, wie sie im antiken Athen erfunden und entwickelt wurde. Jeder Vollbürger der Polis, „polítes" geheißen, geht in die Volksversammlung, kann dort sprechen und abstimmen. Regierung gibt es keine, jeder ist sein eigener „Politiker". Wer da nicht mitmacht, ist selber schuld, hat keinen Anteil an der Politik, an der Gestaltung seines Gemeinwesens, der Polis. Im Griechischen wird so ein Mensch „Privatmann" genannt: „idiótes".

Zu solchen „Idioten" erniedrigt fühlten wir uns, als die Rektoratswahl der Gesamt-Universität anstand: Zur Wahl stand genau ein Kandidat. Und dieser Kandidat hatte die Polizei geholt, wie es unruhig geworden ist. Man nannte ihn schon vor der Wahl „Polizeirektor", im richtigen Leben war er ein leibhaftiger Fürst, Fürst Lobkowicz. Wie üblich fand die Kandidatenvorstellung in der Großen Aula statt. Die Große Aula ist sehr hübsch, Jugendstil reinsten Wassers. Apoll fährt mit prächtigem Gespann, dem Sonnenwagen von vier weißen Rössern gezogen, aus dem goldenen Hintergrund des Mosaiks heraus, flankiert von den Göttern und Göttinnen Hera, Athene, Hermes und Aphrodite, mit der Aufschrift „ΑΚΤΙΣ ΑΕΛΙΟΥ ΚΑΛΛΙΣΤΟΝ ΦΑΟΣ." Super! Ungefähr so viel wie: „Strahl der Sonne schönstes Licht", aus der **Antigone** des Sophokles. Wer immer die **Antigone** gesehen hat, weiß fortan, was Größe ist, so hatte ich es in der Schule gelernt, so hatte es unser Sammy auf die Bühne, uns vor Augen gebracht.

Und nun spannte sich vor diesem herrlichen Mosaik mit dem Gott der Schönheit und der Klarheit ein meterlanges rotes Banner, auf dem stand: „Nieder mit Polizeirektor Lobkowicz", und unter dem meterlangen roten Banner mit der Aufschrift „Nieder mit Polizeirektor Lobkowicz" sitzt Polizeirektor Lobkowicz, und sein weitgehend kahler Schädel leuchtet in der gleichen roten Farbe wie das Banner mit der Aufschrift „Nieder mit Polizeirektor Lobkowicz", und die ganze Aula brüllt „Nieder mit Polizeirektor Lobkowicz", und der Polizeirektor Lobkowicz sitzt einsam und allein auf einem Stühlchen und schaut in die brüllende Menge.

Ich spürte, in mir dreht sich was um. Auf einmal, ich konnte nicht anders, regte sich so etwas wie Bewunderung für diesen Mann. Er ist völlig allein. Er ist vollkommen ruhig. Er scheint nur zuzuschauen. In ungefähr ähnlicher Entrückung wie Babylon, Memphis, Knossos, Tyrus, Ephesus, Athen, Korinth, Syrakus, Tarent, Alexandria, Rom und Byzanz aus ihren Medaillons von der Empore auf uns alle in der Aula herunterschauen. Die Befragung des Kandidaten hatte freundlicherweise der Genosse Dr. Dr. Dr. Ludwig Fertl übernommen, seine erste Frage: „Polizeirektor Lobkowicz, weshalb kandidieren Sie nicht für den Posten des freiwerdenden Polizeipräsidenten in München?!" Tosender Beifall, prasselndes Gebrüll: „Nieder mit Polizeirektor Lobkowicz". Aber der Polizeirektor Lobkowicz antwortete ganz ruhig: „Weil ich für das Amt des Universitätsrektors kandidiere!" Da wurde es ruhiger in der Großen Aula. Und am Ende der Veranstaltung, das bald gekommen war, stand der Kandidat auf und ging, er ging ganz ruhig und aufrecht durch den Mittelgang der Großen Aula hindurch zur Tür hinaus. Dabei war vorher gar kein Mittelgang mehr gewesen vor lauter Versammelten, kein Durchgang frei, aber der Fürst ging einfach hindurch. Später bedauerte er es, die Polizei in die Universität geholt zu haben, und führte selbst dauerhafte Auseinandersetzungen mit dem Staat.

Aus seiner Wahl wurde dann allerdings nichts, zumindest zunächst nicht, weil die Wahlversammlung gestürmt worden ist, worauf man sie im zweiten Anlauf in die Residenz verlegt hat, weil sich die Bourgeoisie nicht ein zweites Mal ans Bein pinkeln lassen und nicht noch eine weitere empfindliche Niederlage im Klassenkampf einstecken wollte. So haben es zumindest die Roten Zellen ausgedrückt.

Residenz

In die Residenz kommen die nie hinein, haben sich die gedacht, die nicht wollten, dass wir da hineinkommen, und auch wir haben uns nie gedacht, dass wir in die Residenz hineinkommen und die Wahl sprengen könnten. Ich weiß selber nicht mehr genau, wie das zugegangen ist. Es war ein schöner sonniger Nachmittag, und auf einmal ruft jemand vor dem Institut für Deutsche Philologie in der Schellingstraße: „Gehen wir zur Residenz?“ Und ein paar andere haben das gleich aufgegriffen und weitergegeben: „Ja, gehen wir zur Residenz!“ Aber ich hab gelacht und gesagt: „Ah geh, zur Residenz, was wollt's denn in der Residenz, so ein Unsinn?! Ich komme doch grad von der Residenz: alles voller Polizei!“, womit ich mich um ein Haar schon fast des Studierens verdächtig gemacht hätte, wenn nicht Größeres, Mächtigeres in den Gemütern bewegt worden wäre: „Ah, ja!“, ham die andern zurückgerufen, „schaun wir mal!“ Ein Spruch, von dem man damals noch nicht gedacht hat, dass ihn der Beckenbauer erfunden hätt. „Und a bißl was geht immer“, haben sie gerufen, ebenfalls ein Spruch, von dem noch niemand gedacht hätte, dass ihn einer hätte erfunden haben können, namens Fischer etwa oder Monaco Franze alias zum Beispiel. Na ja, da bin ich halt mitgangen, wie das immer so geht. Auf eine Vorlesung mehr oder weniger kommt 's jetzt auch nicht an, hab ich mir gedacht, in so einer revolutionären Phase. Eigentlich so ein typischer Fall von Mitläufer; minder belastet, aber trotzdem.

An der Residenz ist wie seinerzeit beim König schon etwas Rotes herausgehängt, nur dass es diesmal kein Lappen war, sondern ein roter Pullover. Wie man so blöd sein kann, selbst als Revolutionär, dass man, wenn man die Residenz besetzen will, einfach in die Residenz hineinstürmt und sie besetzt, leuchtet mir allerdings bis heute nicht ein. Weil: Dann ist man drin, und draußen macht die Polizei den Laden dicht. Einfacher geht's überhaupt nicht. Wahrscheinlich hatten wir, wie das Revolutionären öfter passiert, wieder einmal vergessen, das Volk zu verständigen. Mitten in dem Tumult ist mir das eingefallen, aber da war's schon zu spät, und mir ist auch eingefallen, wie einmal der Genosse Ebel, der Genosse Ebel von den Roten Zellen, gefragt worden ist, ganz vorsichtig in einer Versammlung gefragt worden ist, also wenn jetzt, sagen wir einmal, also gesetzt den Fall, der ja nicht der Fall sein wird, aber sagen wir, die Revolution, also die kommt im ungünstigsten Fall nicht, was dann ist, Genosse Ebel, wurde der

Genosse Ebel ganz vorsichtig gefragt, was ist dann mit der Arbeiterklasse? Da hat der Genosse Ebel, und man muss wissen, dass er aus Franken gekommen ist, der Genosse Ebel, da hat der Genosse Ebel ganz cool, aber eben auf Fränkisch, gesagt: „Dann soll's mi om Oasch läggn, de Oweiddaglosse!"

Dies war dann auch zunehmend der Fall, sodass der Genosse Ebel mit den Genossen Fertl und Held plötzlich nicht mehr als „Marxistische Gruppe", vormals „Rote Zellen", firmierte, sondern als „Verein zur Förderung des studentischen Pressewesens e.V.". Die Tarnung ist fast perfekt gewesen, allerdings ist nicht einmal der Verfassungsschutz darauf hereingefallen. „Die Lage ist ernst", war auf einem Wahlplakat zu lesen – „Neue unverbrauchte Kräfte müssen her!" Auf dem Plakat sah man drei schon reichlich verbrauchte Herren am Unibrunnen mehr hängen als lehnen. Sie hatten sich durch Zweit- und Drittstudien, in denen sie jeweils auch die Promotion anstrebten, ihre studentische wie revolutionäre Tätigkeit listig verlängert. Der Wahlaufruf schloss mit der Formel: „Wir haben genausowenig zu verlieren wie ihr, also wählt uns gefälligst!"

Schon ein später Zustand, schon weit gefehlt – ein Zustand, der mich jetzt auch überkam: Alle Jahrgänge unseres Gymnasiums hatten seit Menschengedenken ihr Reifezeugnis in einem pompösen Festakt in eben dieser Residenz persönlich vom Direktor überreicht bekommen, auf der Bühne des Herkulessaals, der erhebendste Augenblick im Leben eines jeden Zöglings dieser Anstalt, nach neun, zehn oder elf ereignisreichen Jahren. Noch unser Vorgängerjahrgang: einer prominenter als der andere, nur wir nicht. Wir waren die ersten, die ihre Reifezeugnisse nicht im Herkulessaal der Residenz überreicht bekamen, weil wir sie nicht wollten.

Oskar Maria Graf ist mir in dem Moment eingefallen – alles auf einmal in rasender Schnelligkeit – diese Stelle in seinem Buch **Wir sind Gefangene**, wie er eine Rede an die Revolutionäre halten will und großartig ansetzt: „Versammelte! Menschen! Rebellen! Bürger! schrie ich erst einmal und überlegte einen Augenblick..." Aber dann ist ihm schon fast nichts mehr eingefallen. Und mir ist auch nichts mehr eingefallen, weil die Revolutionäre aus dem Treppenhaus, die wieder aus der Revolution herauswollten, uns da hingeschoben haben, wo die

Polizei auch geschoben hat, nur von unten. Und alle dermaßen geschoben haben, dass ich da hingeschoben worden bin, wo ich hingebatzt worden bin. Also plötzlich war ich auf einmal, wo ich erst ganz hinten gewesen bin und ja eigentlich bloß so hereinspaziert gekommen bin, weil ich mir gedacht hab, also wenn das so einfach ist mit dera Revolution, dann wär man ja direkt blöd, wenn man sie nicht macht, auf einmal war ich ganz vorn, und das war ziemlich blöd. „Bedeppt wanden wir uns aus dem Menschengewühl", heißt es an der erwähnten Stelle in Oskar Maria Grafs Erinnerungen. Wir verwandelten uns in der Residenz zu Sardinen in der Dose, die Polizei schloss ihren Ring immer dichter. Wenn nicht eine winzige Lücke entstanden wäre, wäre ich nicht aus der Residenz hinaus- und in den Hofgarten vor der Residenz hineingekommen. Noch nie ist mir der Hofgarten so schön vorgekommen.

Aber der Augenblick hat, wie das schöne Augenblicke so an sich haben, nicht verweilen wollen – es ist in dem Augenblick ein Professor über den Kies geknirscht gekommen, ein alter Professor, ein liebenswürdiger alter Professor, wahrscheinlich für antike Religionsmythologie oder sowas in der Richtung, jedenfalls hat er überhaupt nicht mehr durchgeblickt, erkennbar nicht durchgeblickt. Zwar mythologisch ganz nahe bei der Großen Mutter, aber in der sogenannten Wirklichkeit die Eierschalen, aus denen der Dotter zwischen die Nadelstreifen eine weitere, vom Schneider nicht vorgesehene gelbe Bahn zog, einfach nicht registrierend. Wenn die Schalen nur Überreste vom Ei einer Wiedergeburt aus dem Geist der Großen Mutter gewesen wären und nicht ganz simpler Ausdruck revolutionärer Gesinnung, die sich, wie gern in solchen Fällen, im anonymen geschichtlichen Prozess namentlich bei Umwälzungen halt doch immer am ganz konkreten Individuum festmacht, und wenn es am Schulterpolster eines Nadelstreifenanzugs ist! Aber nein, es trifft immer die Falschen in der Geschichte!

Vergleichsweise natürlich harmlos so ein Ei, Gott sei Dank, denkbar harmlos, und trotzdem hab ich an die Frau von dem Professor denken müssen, falls er eine gehabt haben sollte, jedenfalls wenn, dann sind solche Frauen ja meistens nicht gerade die großen mythologischen Mütter, und er kommt also heim, hat noch immer nicht das Ei auf seiner Schulter bemerkt, und sie sagt: „Musst jetzt du dich immer auf Revolutionen herumtreiben?"

Mit seinem weißen Bart hat der Professor direkt bissl ausgeschaut wie unser letzter König, und ich habe mir überlegt, ob ich ihm sage, dass Revolution ist – schließlich hat das eine gewisse Tradition in unserer Familie, hab ich mir gedacht und an meine Großmutter gedacht, aber ich habe nichts gesagt.

Wenn meine Knie etwas sagen hätten können, dann hätten meine Knie etwas gesagt, aber meine Knie haben bloß gezittert. „Herr Professor", hätten sie gesagt, „mit Verlaub, aber Sie haben ein Ei auf der Schulter! Und es läuft runter, das Ei. Vielleicht, bevor die gnädige Gemahlin ...", hätten sie gesagt, und dann war der Herr Professor weg, ums Eck, verschwunden.

Wittelsbacher
Hier ist meine Großmutter, ein Kinderwagl von der nahen Von-der-Tann-Straße herüberschiebend, Tag für Tag König Ludwig III., dem letzten König der Bayern, seinerseits beim Spazierengehen begegnet, das war ganz normal. Bis man ihm eines Tages den weisen Ratschlag gegeben hat, dass Revolution ist, und er besser nach Hause geht, in die Residenz. Aber da war er auch nicht sicher, die königliche Familie beschloss die Flucht in Richtung Salzburg. Man hat ein paar Mietautos aufgetrieben und versuchte, Schloss Wildenwart unweit des Chiemsees zu erreichen, landete jedoch wohl in der Nähe von Rosenheim im Graben, weil es dunkel wurde, und die Autos kein Licht hatten; sonst ist aber Gott sei Dank weiter nichts passiert. Am Morgen des 8. November 1918 erklärt Kurt Eisner die Dynastie der Wittelsbacher für abgesetzt. 738 Jahre Herrschaft sind zu Ende, der „Freie Volksstaat Bayern" lebt, doch dankt der König niemals ab. Allerdings entbindet er am 13. November, inzwischen vom Schloss Anif bei Salzburg aus, auf einer maschinenschriftlichen Erklärung alle Beamten, Offiziere und Soldaten „des mir geleisteten Treueeides. Anif den 13. November 1918. Ludwig."

Ich habe diese ganze Geschichte einmal Jahrzehnte später auf einem Vortrag mit dem Titel **Die Wittelsbacher – ein Crashkurs ihrer Geschichte** erzählt, allerdings schon gleich anfangs zu meinem Entsetzen feststellen müssen, dass Herzog Franz von Bayern im Publikum saß, der Urenkel dieses letzten bayerischen Königs. Von der Bühne herunter fragte ich ihn, ob nicht er lieber vielleicht diesen Vortrag halten wollte, aber er winkte lachend ab: „Nein, nein!" Er hatte keine Lust dazu. Nach dem Ende des Vortrags setzte ich mich neben ihm, er gratulierte mir zu meinen Ausführungen, was mir sehr peinlich war. Vor allem dass ich die Mietautofirma eine Art Prä-Sixt nannte, belustigte ihn, aber ob ich wüsste, weshalb sie sich Mietautos besorgen mussten? Das wusste ich nicht. Na ja, ganz einfach weil die Chauffeure natürlich auf der Demo waren, erzählt lachend sein Urenkel. Und warum sie im Graben gelandet wären? Ja, weil sie kein Licht hatten! Stimmt, pflichtet mir der Urenkel des letzten Königs bei, aber sie hatten deshalb kein Licht, weil die Autos der königlichen Familie die einzigen waren, die seinerzeit schon ein Licht hatten. Von seinem Urenkel persönlich habe ich, wie gesagt, diese Geschichte, Herzog Franz von Bayern. „Mein Vater ist in dem Auto drin gesessen", erzählt er, und ich beschließe, nie mehr in meinem Leben einen Vortrag zu halten.

Keine K-Gruppe

Man konnte es uns aber auch nicht recht machen, das heißt, ich sollte bei der ersten Person bleiben: Mir konnte man es nicht recht machen. Ich konnte mich nie einer der sogenannten „K"-Gruppen anschließen, der DKP nicht, ihrer Studentenabteilung, dem MSB Spartakus, auch nicht, überhaupt keinen Dogmatikern und Fundis, die ausgerechnet in der DDR einen Sozialismus verwirklicht sahen, selbst wenn freundliche Genossinnen in den Schoß der Partei einluden, der KPD/ML oder anderen Wahnsinnigen permanenter Spaltungen der Arbeiterklasse, die aber gleichwohl die Wahrheit stets bei sich verwahrten, schon gar nicht, den Roten Zellen auch nicht. Ich konnte nicht verstehen, wenn Leute meines Alters dem „k" der katholischen Kirche derart den Kampf ansagten, um sich hierauf dem nächsten „k" zuzuwenden, dem Dogmatismus einer kommunistischen Gruppierung. Wir wollten doch die Freiheit, dachte ich, also ich wollte die Freiheit. Allerdings wunderten sich die Genossen ihrerseits, dass ich in ihren Augen sozialistisch dachte, aber immer katholisch war und blieb. Meiner Anschauung nach bedingte sich das geradezu.

Die Roten Zellen waren mir zu dünn, zu intellektuell im Sinne von: ohne Freuden der Sinne, und humorfrei dazu, Höchststrafe! Vollkommen sinnlos. Dass es kein falsches Leben im richtigen gäbe? Das glaubten wir nun nicht, ganz und gar nicht. Wir wussten ja, wie man richtig lebt, gescheit lebt, volle Kanne! Die Kritische Theorie der Frankfurter Schule war also auch nichts für unsereiner, Adorno, Horkheimer und so weiter. Zu viel Theorie, keine Praxis, wie unsere Lehrer am Gymnasium, das bringt uns nicht weiter. Die Anhänger von Habermas nannten wir „Habermäuse", elitäre Laffen. Wir glaubten ihnen einfach nicht. Im Falle von Habermas bewahrheitete sich dieses Jahrzehnte später noch einmal besonders eklatant. Ich hatte Habermas zu einer Veranstaltung über die Gedanken seines Kollegen Herbert Marcuse eingeladen, für die ich KD Wolff als Referenten gewonnen hatte, den ehemaligen Bundesvorsitzenden des revolutionären SDS. Jürgen Habermas, Marcuses letzter Kollege, Vertrauter, wenn nicht Verbündeter der „Kritischen Theorie", bei dem Marcuse häufig in Starnberg zu Besuch war, ist allerdings nicht zu gewinnen. Dafür hat er nun wirklich keine Zeit, bescheidet er barsch ins Telefon. KD Wolff, unterdessen Verleger des Verlages Roter Stern/ Stroemfeld, bekannt durch die Werkausgaben von Hölderlin, Kleist und Kafka, wird allerdings immer wieder von einer Frau, die zunächst niemand kennt, unterbrochen. Ungefragt, wenn auch honorarfrei, gibt sie eine Art von Koreferat, in dem sie „Herrn Wolff" als „Mörder" bezeichnet, als Mörder des Philosophen Theodor W. Adorno. Irgendwann stellt sich die fremde Dame dann doch vor, wer es fasse, der fasse es, als Frau Habermas. Als Frau eines Mannes, der dieser Republik eine Theorie des kommunikativen Handels verschrieben hatte, den „offenen Diskurs" forderte, mit dem Ziel einer „idealen Sprechsituation". Jeder Normalsterbliche stellt sich unter Kommunikation etwas anderes vor. Doch vielleicht hat der führende Kommunikationsforscher der Republik, Jürgen Habermas, eben deshalb über „Theorie und Praxis" gearbeitet, damit man sieht, dass dies im Leben zwei Paar Stiefel sind. Dafür wollten er und seine Frau vielleicht auch die nötigen praktischen Beweise liefern.

Der einstige Studentenführer KD Wolff aber steckt die Kopie eines Briefes in die Tasche zurück, der Habermas aus Sicht des Instituts für Sozialforschung zum Abschuss freigibt. Horkheimer schreibt 1958 aus Montagnola an „Teddie", dass „der dialektische Herr H." sich „zu ungeheurem Scharfsinn anstachelt", freilich tut er damit „der Philosophie so viel Gewalt an, wie der Soziologie". Horkheimer konstatiert bei Habermas eine „mit Geist gekoppelte Blindheit", welche „unsere Anstrengung durch Verzerrung vereitelt". Aus Höflichkeit und Respekt einer älteren Dame gegenüber, liest Wolff diese Briefe gegen Habermas nicht vor. Der alte Kämpfer zeigt sich weise – lachen konnte er schon immer und tut es auch jetzt noch, zum Beispiel, als er auf dem Weg zum Veranstaltungsort an einer Leuchtschrift mit den Initialen „SDS" vorbeikommt. Freilich ist ein SDS in diesen Tagen kein „Sozialistischer Deutscher Studentenbund" mehr, sondern der „Starnberger Digital Service".

Herbert Marcuse hatte uns in den siebziger Jahren die Sonne Kaliforniens mitgebracht. Wir hörten in seinen Ausführungen das eindringliche Pfeifen der Southern Pacific Railway mit der Endstation San Diego: Alles aussteigen, hier lehrt Herbert Marcuse, hier lebt die Freiheit, hier ist die tatsächliche Universität der Freiheit! Es neigen sich die Palmen am Ufer des Pazifiks, rauschend schlagen seine Wellen ans Ufer, seine Botschaft: Aufhebung aller Entfremdung, der Entfremdung der Arbeit, der Entfremdung in den zwischenmenschlichen Beziehungen, der Entfremdung von sich selbst und seinen Wünschen. Es ist natürlich äußerst naheliegend, einer so hedonistischen Befreiungstheorie zu folgen, wenn man schon als Bub ein ausgeprägter Lustknödel gewesen ist.

Vernunft als erotische Energie

Der Professor, den wir in Alter Geschichte auf der Universität gehabt haben, hat uns bei jeder Gelegenheit von einem gewissen Meyer erzählt, der in seiner Zeit in München immer der erste gewesen ist, wenn in der Früh die Staatsbibliothek aufgemacht hat, und der letzte, wenn sie wieder zugemacht hat. „So ein Streber!" haben wir uns gedacht. „Und was hat er da gemacht?", will der Professor von uns wissen. Wissen wir natürlich nicht, aber der Professor weiß es: „Fakten exzerpiert!", sagt er, und mitten im schönsten Positivismusstreit haben wir uns gedacht: „Positivist, blöder!" Und für was erzählt er uns das überhaupt, haben wir uns gedacht und haben uns geärgert, wie der Professor sagt, mit einem feinen Lächeln sagt er das, dass wir eigentlich besser wissen müssten, wer damit gemeint ist. Wissen wir aber nicht, einen Meyer kennen wir nicht und wollen wir auch nicht kennen, er interessiert uns nicht. Woher hätten wir auch wissen sollen, dass er den Lenin aus der Kaiserstraße damit meint?

Wir hätten es uns aber schon denken können, bei einem Professor, der nicht nach der Polizei gerufen hat, wenn die Roten Zellen hereingekommen sind, wie sein Kollege von der Neueren Deutschen Philologie, der nach dem Polizeieinsatz gesagt hat, dass Revolutionäre eben noch nie etwas von den filigranen Feinheiten der Rokokolyrik begriffen hätten, 1789 nicht und 1968 auch nicht. Sein Spezialgebiet ist das Rokoko gewesen und außer dem Rokoko der Biedermeier, weil da eine Ruhe gewesen ist.

Aber unser Professor der Alten Geschichte hat, wie gesagt, nicht die Polizei geholt, auch wenn er unterbrochen worden ist bei seiner Vorlesung über Alkibiades, der erst die Athener gegen die Spartaner, dann die Spartaner gegen die Athener, schließlich wieder die Athener gegen die Spartaner zum Sieg geführt hat und zuletzt als persischer Satrap vom spartanischen Geheimdienst ermordet worden ist, was seinerzeit ungefähr einem beruflichen Wechsel vom Präsidenten der Vereinigten Staaten zum Generalsekretär der KPdSU und zurück entsprochen hätte mit darauffolgendem Flugzeugabsturz in der Volksrepublik China, veranlasst durch den sowjetischen Geheimdienst wegen seiner Eigenschaft als erster Parteisekretär des als sensibel geltenden Grenzbezirks. Er hat gesagt, dass aber jetzt die Damen und Herren von den Roten Zellen etwas sagen möchten, hat sich in die erste Reihe gesetzt und seinerseits mitgeschrieben.

Und wie der Marcuse aus Kalifornien herüber in den Audimax gekommen ist, hat er es genauso gemacht und sich notiert, wovon die Rede ist: Von freien oder befreiten Institutionen, in denen diese Utopie vom Menschen, der seine Selbst-Entfremdung überwindet, erst einmal umgesetzt werden kann – Inseln, die zeigen, dass dieser Theorie eine Praxis folgen kann.

Ihnen erkennt Herbert Marcuse revolutionäre Energie zu: durch Schaffung herrschaftsfreier Räume wie Bewusstsein, Lust, politische Aktion, utopische Entwürfe, künstlerische Aktionen, poetische Visionen etc. Von daher gilt noch immer: „Die Erzeugnisse durchdringen und manipulieren die Menschen; sie befördern ein falsches Bewusstsein, das gegen seine Falschheit immun ist.“ Sollten wir das nicht schon einmal gewusst haben?

Man kann es so verstehen in einer Warenwelt, in der noch immer sich einzelne auf die Suche nach dem Wahren machen, auch wenn in dieser Welt „der Tauschwert zählt, nicht der Wahrheitswert“ – oder gerade deshalb. „Den Sieg über das unglückliche Bewusstsein trägt die repressive Entsublimierung mit sich fort, die scheinbare Befreiung der Seele bei fortbestehender politischer wie gesellschaftlicher Unterdrückung und Manipulation des einzelnen Individuums“, so analysiert Marcuse die gesellschaftliche Befindlichkeit – und verweigerte sich gleichzeitig den Studenten gegenüber, die in ihm eine Figur des Aufstandes suchten.

Noch einmal entfaltet die Kraft kritischer Aufklärung ihre volle Blüte. Ein stets von der Sonne gebräunter Herr aus Kalifornien sorgt dafür, ungeachtet seiner grauen Haare mit ausgeprägt erotischer Ausstrahlung und zugleich revolutionärer Zuversicht, die auf nicht wenige seiner Zuhörer und Leser eine beträchtliche Faszination ausübt. Politische Philosophie und Ästhetik, Psychoanalyse und das Selbstverständnis der Linken, die Emanzipation der Frauenbewegung und die Rolle der Protestbewegung: Alles nimmt bei ihm seinen Anfang vom Lustprinzip.

Die Vernunft als erotische Energie: Das ist die philosophische Entsprechung der sexuellen Revolution überhaupt. Denn dieser Eros widersetzt sich der totalen Herrschaft des Leistungsprinzips und bildet damit eine revolutionäre, subversive Kraft. Der erotische Mensch findet zugleich sich selbst und wehrt sich damit gegen die persönlichkeitszerstörenden Kräfte der Gesellschaft. Mann und Frau können nur einander gleichwertig ihre Vorstellung und ihre Praxis einer Beziehung in Übereinstimmung bringen, allerdings immer wieder von neuem. Erotische Vernunft stellt sich in der Übereinkunft zweier Liebender in der Art ein, wie es ihnen gelingt, sich ihrer Liebe zu vergewissern als eine von beide Seiten gewollte, gedachte, ersehnte, gelebte. Mit anderen Worten: Zwei machen untereinander aus, worin ihre Moral besteht.

Der Audimax, das Auditorium Maximum, war brechend voll, selbst die Zuhörer auf den Emporen schienen wie Trauben auf dem Weinberg überzuborden. Gar nicht so leicht zu verstehen, wie ein älterer Herr, der so freundlich und ruhig spricht, eine solche Wirkung erzielt. Nur wenige wollen ihm an den Karren fahren, ausgerechnet natürlich die dogmatischen Linken vom MSB Spartakus, dem Marxistischen Studentenbund, dem studentischen Ableger der DKP, der Deutschen Kommunistischen Partei, ihrerseits ein Ableger der SED, der Sozialistischen Einheitspartei Deutschlands, Vertreter des sogenannten real existierenden Sozialismus, wie man ihn in der DDR zu spüren bekommen hatte. Sie hätten gern den braungebrannten Professor im kurzärmeligen weißen Hemd dialektisch in die Zange nehmen wollen, indem sie ihn gefragt haben: „Welchen Stellenwert, Genosse Marcuse, räumst du in deinem Konzept von der Befreiung des Menschen dem Kampf gegen die Erhöhung der MVV-Gebühren ein?“ Das sind natürlich realistische Fragen: Der MVV ist der Münchner Verkehrsverbund, und wenn der seine Tarife erhöht, wird es eng für die Arbeiterklasse, da kann man ansetzen. Da durfte man gespannt sein, wie die Einlösung der Utopie bei der U-Bahn funktionieren kann, welchen Verlauf dieses Modell geschichtlicher Manifestation des Weltgeistes nehmen wird. Dass die Revolution, wenn sie denn käme, gewiss auch diesen Widerspruch lösen wird, hat Herbert Marcuse geantwortet, mit einem gewissen feinen Lächeln hat auch er sich seinerzeit so geäußert, dass also die Befreiung des Menschen ihn auch von der Erhöhung des MVV-Tarifes befreien wird, worüber wir natürlich sehr froh gewesen sind. Man sieht daran übrigens gleichzeitig, dass in Bayern viel mehr Revolutionen durch Erhöhungen der Fahrtarife ausgelöst werden als etwa durch die Erhöhung des Bierpreises, wie immer jeder denkt. Und das liegt bestimmt nicht daran, dass deutsche also in dem Fall auch bayerische Revolutionäre immer erst Bahnsteigkarten lösen, wenn sie einen Bahnsteig erstürmen wollen, wie Lenin behauptet. Dabei gibt es Bahnsteigkarten schon seit ewigen Zeiten nicht mehr.

Am Ende des Vortrages will der Beifall nicht aufhören. Herbert Marcuse bleibt an seinem Pult stehen, den Kopf leicht gesenkt – als könnte er gar nicht verstehen, was ihm da entgegengebracht wird. Lange dauert das so. Plötzlich gibt er sich einen Ruck. Er erhebt sein Haupt, schaut in die Menge, schweigend, jetzt kaum noch lächelnd – und schließlich entschließt er sich doch, entschließt sich doch zu einer Geste, zu jener Geste, auf die so viele gewartet haben, er hebt die Faust, er ballt die Faust. Da ist es um den Audimax geschehen. Die Weinberge der Emporen drohen herunterzubrechen, so kocht die Begeisterung über, der Saal bebt, das Auditorium Maximum wird zum Circus Maximus der Befreiung.

Drugstore: Der Verkauf von Protest

Nahezu gleichzeitig mit dem Protest setzte auch schon sein Verkauf ein, sein Ausverkauf. Die Portobello Road aus London reichte mit einem Mal bis nach Schwabing; Haight Ashbury in San Francisco, Kalifornien war ein bisschen zu weit entfernt, davon gab es nur eine Ahnung, aber immerhin: Weit streuten die Blumenkinder ihre Blüten. Etwas nördlich der Barer und der Schellingstraße bogen Portobello Road und Haight Ashbury in die Stadt ein. Nicht nur zeitgleich, sondern fast auch namensgleich mit unserem Griechischlehrer Sammy tauchten die Brüder Samy in Schwabing auf, Temur und Anusch Samy. Sie kamen aus dem Morgenland und sie verbreiteten Morgenland, Glamour ohne Ende. Blumengirlanden kräuselten sich über ihre Designer-Jackets und Krawatten, in den Jahren zwischen 1966 und 1970 nannte man sie die „Goldfinger von Schwabing“. 1967 eröffneten sie ihr Blow up, 1969 das Citta 2000, 1970 das Drugstore. Lauter glitzernde Paläste, Glanz und Talmi, ohne Inhalt. Wenn man sich ein „Anderssein“ kaufen kann, kann es schon nicht mehr anders sein, so dachten wir und spürten ein Unbehagen, allein schon bei dem Gedanken, sich mit indischen Klamotten und Schmuck zu behängen, billigst dort eingekauft, teuer hier auf den Markt geworfen – Fortsetzung eines Kolonialismus mit scheinbar anderen Vorzeichen. Großer Bogen um Drugstore, Drugstore verblödet auf Dauer genauso wie Cannabis oder Hopfen und Malz.

Keine Kommerzialisierung der Gegenkultur, da machen wir nicht mit. Wir hingegen liefen eindeutig authentisch in der Gegend herum, ausgestattet mit abgewrackten Kleidungsstücken aus Beständen der US-Army! Ausgerechnet! Für fünf Mark das Stück olivfarbene T-Shirts, der Parka nicht viel teurer, ausgerechnet! Viel zu jung, um diese Widersprüche ihrerseits wahrnehmen zu können – nur dieses tief sich regende Gefühl: Da stimmt etwas nicht, zutiefst nicht!
Da stimmt etwas nicht, wenn Boulevardbätter begeistert von Besuchern wie Fritz

Teufel oder Andreas Baader im Blow up berichten. Wenn dann sah man sie – natürlich lange vor den Zeiten eines militanten Terrorismus – im Bungalow oder im Simpl, Rainer Langhans und Uschi Obermaier dazu; oder im Gerichtssaal, Fritz Teufel zum Beispiel. Da saß seine Mutter in der ersten Reihe, wie dann halt so eine Mutter dasitzt, die ihrem Buben zuschaut, und ein Bub ist er immer eigentlich geblieben, der Teufel. Sie selbst erinnerte in ihrer beinah bäuerlich anrührenden Mütterlichkeit an die Zenzl Mühsam, Frau des Anarchisten Erich Mühsam, Volksbeauftragten in der Münchner Räterepublik, der Gedichte wie dieses schreiben konnte:

Es stand ein Mann am Siegestor
Der an ein Weib sein Herz verlor.

Schaut sich nach ihr die Augen aus
In Händen einen Blumenstrauß.

Zwar ist dies nichts Besunderes
Ich aber – ich bewunder es.

Ein Rainer Langhans hingegen, von der nachfolgenden Generation als „Leinenbeutel" bespöttelt, lästert noch auf seine alten Tage über Uschi Obermaier, mit der er gern in Temur Samys Wohngemeinschaft aufgekreuzt war, dass sie so etwas von fad gewesen wäre, selbst im Bett. Kein Gentleman, der genießt und schweigt – zu spät, ihm zuzurufen: „Si tacuisses!" Wenn du nur geschwiegen hättest!
Der Zusammenbruch des kleinen Imperiums der Samy-Brüder war rasant. 1970 kam Anusch beim Absturz mit einem Privatflugzeug ums Leben. Der eher träumerisch veranlagte Bruder Temur kam ohne den Unternehmer Anusch nicht weiter, Ende der Goldfinger. Temur stirbt vollkommen vereinsamt und verarmt in Spanien im November 2004.

Im Drugstore und in seinen Ablegern wiederholte sich als Erscheinung in etwa das, wie in den fünfziger Jahren der Calypso den Jugendlichen als harmlosere Variante des Rock 'n' Roll untergejubelt worden war. Lieber Exotik mit Coca Cola und Nescafé als der Rock, der unter den Rock geht. Aber das Calypso auf der Wiesn war etwas anderes. Das Calypso auf der Wiesn war ein Karussell, und auf dem ging es wirklich rund, gleich mehrere Drehbewegungen gleichzeitig, wie in dem Tanz aus Lateinamerika. Vier mal vier Gondeln, die sich um sich selbst drehen, hängen an je einem Drehkreuz, das sich dreht, und die vier Drehkreuze drehen sich auf einer runden Scheibe, die sich dreht, und die Scheibe ist schräg gestellt. Und der Betreiber kann das Ganze rückwärts laufen lassen. Wer dann noch durchblickt, ist selber schuld. Aber auf die Wiesn gingen wir in den siebziger Jahren auch nicht.

Zwischen Blow up, Drugstore, Citta 2000 und den Olympischen Spielen von 1972 gibt es keine Gemeinsamkeit, natürlich nicht – und doch ignorierten wir auch sie nahezu vollkommen, tatsächlich aus ähnlichem Beweggrund. So kommerziell uns der Klamottenzauber der Brüder Samy vorkam, so sinnlos wie teuer erschienen uns die Olympischen Spiele. Nicht dass wir etwas gegen Sport gehabt hätten, im Gegenteil, wir organisierten uns in natürlich nicht-organisierten Fußballmannschaften wie „Rosa Pille Nymphenburg“ oder „Lokomotive vorwärts rückwärts Nymphenburg“ und spielten hinter dem Schlosspark gegen ähnlich gelagerte Nicht-Vereine, aus reiner Lust an der Gaudi. Den Sport aber zum Gegenstand einer gigantischen Geschäftemacherei und Spekulationswut zu machen, war uns nicht nur zutiefst fremd, das ganze Spektakel interessierte uns einfach nicht. Wir bekamen von diesen sogenannten „Spielen“ auch so gut wie nichts mit, freilich allein schon aus dem einfachen Grund, weil wir die Sommermonate in dieser Zeit auf irgendeiner griechischen Insel verbrachten, im Zeitalter lange vor der Digitalisierung den Rucksack voller Bücher, sodass wir unser Germanistik- und Geschichtsstudium in Griechenland fortsetzten, wo wir mehr lernten als in öden Seminaren keimfreier Wissenschaftlichkeit. Aus dem Starnberger See war die Ägäis geworden, wieder brachten wir uns selbst bei, was wir glaubten, wissen zu wollen, das reichte auch noch für ein ganz passables Examen. Wir brauchten erst gar nicht zu beweisen, dass eine der Hauptthesen der Kritischen Theorie, dass es kein richtiges Leben im falschen gebe, Unsinn ist. Wir lebten das richtige Leben, ein für uns richtiges Leben, wenn auch nur auf Inseln, auf Inseln in der Ägäis.

Von daher bekamen wir auch nicht mit, wie brutal diese heiteren Spiele, als die sie ausgerufen worden waren, durch Mord und Totschlag in ein Blutbad verwandelt wurden. Und auch nicht, dass der kommerzielle Betrieb unbekümmert von diesem Attentat einfach weiterging. Es gab keine Zeitungen auf diesen einsamen griechischen Inseln in der Ägäis und auch sonst keine medialen Verbindungen; wir wollten auch gar keine. Die Art unseres Selbststudiums, die wir uns schon in der Schule auf alten Segeljollen angeeignet hatten, führten wir in der gänzlichen Abgelegenheit, wie es sie damals noch gab, am Strand oder in einfachen Unterkünften fort – mit einigem Erfolg. Allerdings gerieten solchermaßen auch die luftigen Bauten des Architekten Günter Behnisch erst gar nicht in unser Bewusstsein. Wenn die Wahrnehmung einmal ausgeschaltet ist, dann bleibt sie das auch. Es dauerte reichlich lange, bis auch wir bemerkten, dass seine transparent gehaltenen Hügeldächer über den Sportanlagen mit den schwebenden Zeltdächern zu den wenigen Bauwerken zählen, die im München der Zeit nach dem Zweiten Weltkrieg entstanden sind und das Bild dieser Stadt überhaupt zu prägen imstande sind. Inzwischen dümpeln sie schon wieder hin, weil ein Mann wie Uli Hoeneß der Meinung war, dass man in einem Stadion wie dem Münchner Olympiastadion nicht Fußball spielen kann und man ein neues braucht, nach nur gut dreißig Jahren. Geld spielte für diesen Mann nie eine Rolle, so schien es – bis es ihm zum Verhängnis geworden ist.

Revolutionsfeier

Kein Wunder, dass von der Bayerischen Staatsregierung die Gewerkschaft der Lehrer für den reinen Hort des Kommunismus gehalten worden ist. Schließlich hat diese Vereinigung zu allem Überfluss auch noch – wie aufrechte Demokraten zu Ehren von ihrem König Ludwig Gedenkveranstaltungen feiern – zur Erinnerung an die Revolution Gedenkveranstaltungen abgehalten, und das im revolutionstradierenden Mathäser, in dem schließlich der Russ erfunden worden ist. Nicht der Russ als das Weltböse schlechthin, sondern diese Radlermaß mit Weißbier statt dem Hellen aufs Limo drauf, welche man einen „Russen“ nennt, weil dieses Gesöff ein Russe erfunden hat. Und warum hat es der Russe erfunden? Damit er nicht so schnell besoffen ist und besser zielen kann beim Schießen, so ist er, der Russe! Erfindet etwas und es ist nichts als reiner Hinterhalt. Und schießt vom Mathäser in Richtung Hauptbahnhof.

Aber diese Lehrer müssen also der Revolution gedenken! Am Marienplatz kann man ihnen noch zehn Minuten abzwicken, sodass der Revolution statt von 17.45 Uhr bis 18.40 Uhr nur von 17.45 Uhr bis 18.30 Uhr gedacht werden kann, weil um 19.00 Uhr der Kardinal mit seiner Kundgebung anfangen muss, weil er auch ein Jubiläum hat, nämlich 350 Jahre Mariensäule. Und weil die Polizei eine Dreiviertelstunde zum Umbauen braucht von der Revolution zum Gedenkgottesdienst. Maßnahmen für Absperrungen und zum Personenschutz für eine Revolution und für einen Gottesdienst sind zwei Paar Stiefel, sagt die Polizei.

Aber gegen den Mathäser kann man nichts machen. In der Revolution haben sie ihn in Brand geschossen und jetzt mieten sich ihn die Lehrer, so dass man nichts machen kann, wenn der Löwe in dem Treppenhaus, nicht „Löööööwenbräu“ brüllt, sondern ein Pappschild in den Pranken hält, auf dem steht: „Alle Macht den Räten!“ Und wer hat das Plakat gemalt? Das haben ihm die Lehrer gemalt. Natürlich. Weil sie sonst nichts zu tun haben.

Und da mag also der Vorsitzende von der Lehrergewerkschaft sich auch noch hinstellen und plärren: „Wir fordern!“ Ja, freilich, fordern und immer fordern, das haben wir gern, sagt das Ministerium, statt dass eine Disziplin herrscht in den Schulen! Aber so ein Vorsitzender von einer Lehrergewerkschaft kann sich ja nicht einmal bei seinen eigenen Leuten durchsetzen, wahrscheinlich ist er deswegen Vorsitzender geworden. „Wir fordern ...“, krächzt er und versucht, mit Hilfe einer Kunstpause rhetorische Höchstspannung zu erzeugen, aber es hört keiner hin. Ein Lehrer, der einem anderen Lehrer zuhören soll, verwandelt sich unverzüglich in einen Schüler. Er schwätzt, träumt, schläft oder hat Sehnsucht nach einem Bier. Wie eine Dampfnudel fällt die Kunstpause in sich zusammen, endgültig, weil sich eine Kellnerin hindurchwühlt durch die Kunstpause: „Schweinsbraten! Leberkas! Kartoffelsalat!“ Und die Lehrer lassen ihre Finger in die Luft schnalzen und rufen: „Ja, hier, ja! Schweinsbraten! Leberkas! Und Kartoffelsalat!“

Amerikahaus

Meine erste Begegnung mit dem Amerikahaus am Karolinenplatz fand – wenn man einem Gebäude wie einem Menschen begegnen kann – in den Zeiten der Studentenbewegung statt. Wir waren unbedingt der Meinung, die Amerikaner müssten den Krieg in Vietnam beenden, und zwar sofort. Zu unserer großen Überraschung hörten die Amerikaner nicht auf uns, aber weil die Moral eindeutig auf unserer Seite lag, folgten Farbbeutel als Argumente, welche gegen das Gebäude flogen und dort eine Art abstraktes Fresko in verschiedenen Farbtönen hinterließen; ich erinnerte mich noch lange an ihre Flugbahnen und das Geräusch ihres Aufplatzens am Gemäuer, aber die Amerikaner ließen sich auch davon nicht beeindrucken.

Später – längst hatte der letzte amerikanische Botschafter in Saigon die Flagge mit den „stars and stripes" gerade noch vor den siegreichen Vietcong in einen Hubschrauber retten können – zog das Institut für Bayerische Literaturgeschichte sowie die **Literatur in Bayern** ins Amerikahaus ein; die Sekretärin war eine der ersten Frauen, die ein Kopftuch im öffentlichen Dienst trugen, die Sekretärin des Instituts für Bayerische Literaturgeschichte im Amerikahaus. Für Außenstehende mochte der Vorgang etwas von Schuberts „Winterreise" haben: „Fremd bin ich eingezogen, Fremd zieh ich wieder aus." Ich lernte daraus einmal mehr die alte Weisheit, dass man immer alles von zwei Seiten aus betrachten sollte. Jetzt stand ich sozusagen selber im Ziel der Flugbahn der einstigen Farbbeutel. Was lernen wir daraus? Vielleicht dieses: Als Angreifer bist du immer zugleich auch Angriffsziel.

Ich stand jetzt auf der Innenseite der Wand mit den Farbflecken und trank mit dem Direktor des Hauses so manches Bier, meist im Anschluss an eine Veranstaltung von **Literatur in Bayern.** Ich erzählte ihm auch von den Farbbeuteln und ihren Flugbahnen und dem Geräusch ihres Aufplatzens am Gemäuer, und wir lachten. Es waren sehr entspannte Gespräche. Wir einigten uns darauf, dass auch Farbbeutel ein Beitrag zur Fassadengestaltung sein können.

Das Amerikahaus am Karolinenplatz in München,
Anfang der siebziger Jahre

Inzwischen steht das Amerikahaus am Karolinenplatz leer, Amerika hat kein Geld mehr für ein Haus, das sich auf seinen Namen beruft; auch verbleichen an dem vor sich hin verfallenden Gebäude die Flecken von den Farbbeuteln. Die Geschichte bringt es mit sich, dass Dinge auch wieder verschwinden.

Gerd Holzheimer

Die Olympiade 1972 kündigte sich in den sechziger Jahren vor allem durch Baustellen an: Kaum waren die schlimmsten Kriegsschäden beseitigt, wurden überall in der Stadt die Straßen für den U-Bahn-Bau aufgerissen.

Blick durch Ruinen auf die Maximilianstraße

Der Käfer macht's möglich: Parkplatzprobleme gibt es bereits im München der sechziger Jahre. Als erschwingliches, sparsames und robustes Gebrauchsauto war der deutsche „Volkswagen" in der Nachkriegszeit zunächst in den USA populär geworden. Und von dort brachte er auch seinen Spitznamen „Beetle" mit ins Wirtschaftswunderdeutschland. Die Bezeichnung „Käfer" setzte sich hier aber erst zur Abgrenzung gegen das 1961 erschienene Stufenheck-Modell VW 1500 durch. Davor reichte es völlig, wenn man sagte, man fahre einen VW.

Die Baustelle des Münchner Olympiageländes,
vermutlich von einem Baukran aus fotografiert.

Das Münchner Olympiagelände war schon lange vor seiner Fertigstellung eine Attraktion.

1972

Im Jahr 1966 entschied das Internationale Olympische Komitee, die Bundesrepublik Deutschland und ihren vorgeschlagenen Austragungsort München mit der Durchführung der Olympischen Spiele von 1972 zu beauftragen. Die Stadt München hatte sich mit dem Konzept einer „Olympiade der Musen und des Sports“ beworben, durchgeführt auf einem neu zu errichtenden Sportgelände im Grünen, mit kurzen Wegen und ohne Autoverkehr.

Mit der Ausrichtung der Olympischen Spiele kehrte die junge Bundesrepublik auf die sportpolitische Weltbühne zurück. Die Olympiade 1972 war deshalb mehr als ein Sportereignis, sie war ein außen- und innenpolitischer Willensakt, eine bewusste Selbstrepräsentation von internationaler Bedeutung. Man wollte der Weltöffentlichkeit ein neues Bild von Deutschland vermitteln: nicht monströs, diktatorisch und militärisch dominiert wie 1936, sondern jung, vital, optimistisch und zukunftsorientiert. Es sollten „heitere Spiele“ werden.

Das Olympiazentrum nach Plänen des Büros Behnisch & Partner war auch in architektonischer Hinsicht ein visionäres Projekt: Die Idee eines großen, durchgängig modellierten Landschafts- und Architekturparks rund um den Schuttberg ließ die Konkurrenz weit hinter sich. Bis heute gilt das Münchner Olympiagelände und hier vor allem die Zeltdachkonstruktion des Stadions als richtungsweisend.

Hier haben wir Platz gelassen für Ihre ganz
persönlichen München-Bilder

Danksagung

Dieses Buch – die damit verbundene Mühe ebenso wie das große Vergnügen – verdanken wir dem Verleger Michael Volk, der die Fotografien zwar nicht auf einem Dachboden, aber immerhin in einer der oberen Etagen des SZ-Hochhauses fand: Von der Jurysitzung zum Timeline-Images-Fotowettbewerb „München" brachte er einen Stapel kopierter Fotos mit und sagte: „Da machen wir ein Buch draus." Danken möchten wir ihm für das Vertrauen, das er auf dem Weg dahin in uns gesetzt hat. Und dafür, dass er jedes, wirklich jedes München-Bild verorten konnte.
Danken möchten wir aber vor allem Jörn Kachelriess, der mit großer Geduld und viel Liebe zum Detail auf dem Bildschirm jedes einzelne Bild, jedes Zettelchen und jeden Tesafilmstreifen „geklebt" und aus unseren Ideen ein richtiges Album gemacht hat.
Aber was wären zwei Herausgeber, ein Verleger und ein Grafiker ohne die Bildgeber: Ein großer Dank geht an Timeline Images für die wunderbaren Bilder, ohne die es dieses Buch nicht geben würde. Gleiches gilt für das Stadtarchiv München, dem wir wie immer für die gute und unkomplizierte Zusammenarbeit danken.
Ein herzliches Dankeschön gebührt aber auch allen anderen Bildgebern, vor allem denen, die für uns tatsächlich auf den Dachboden gestiegen sind und in ihren privaten Fotoschachteln gestöbert haben: unsere Familien und alle Freunde des Verlags, vor allem aber Manfred Hausler, Bernhard Möllmann, Stephan Schneider und Dr. Uli Walter.

Gerd Holzheimer und Katja Sebald
im Oktober 2015

Bildnachweis

Akademie der Bildenden Künste: 104, 105
Archiv Nazarethkirche: 47 oben links
Bürgerkreis Berg am Laim: 51
Friedrich Eberhöfer: 50 unten links
Max Einzinger: 49 oben
Berthold Fischer: 70 unten, 71–73
Heinz Gebhardt: 101 rechts
Bill Gosser: 18 oben rechts, 19 oben links
Walter Haas: 46 oben rechts, 47 unten links
Edith von Hagen: 46 Mitte links, 48 oben links und unten rechts
Manfred Hausler: 22 rechts, 25, 34, 35 links, 63
Manfred Hirsch: 48 unten links
Roland Hölzle: 50 oben links und rechts
Interfoto: 82 rechts, 102 rechts, 108, 118 oben rechts
Neue Heimat: 46 unten rechts
Wolfgang Kneifel: 32 oben, 33 links
Bernhard Möllmann: 12 oben rechts und unten, 24 rechts, 50 unten rechts, 52, 62 links, 66 rechts, 78 unten rechts, 142 unten, 144 oben rechts
Olympia-Baugesellschaft: 145, 148–151
Annemarie Scharnagl: 46 oben links
Stephan Schneider: 28, 30 links, 31 rechts, 38, 39, 67 unten, 68, 69, 78 unten links
Branko Senjor: 106
Stadtarchiv München: 13 (NK-Stl-0089), 18 oben links (NK-Stl-0086), 22 links (NK-Stl-0033), 24 links, Foto: Schidl, (Stb-Kino-001), 29 links (ZBE-P0016), 74 (RD2076B01, RD2076A05, RD2076A33, RD2076A18), 75 links (RD2076A19), 83 links oben (NLNw1968-1-076a-11) und links unten (RD2024C24), 100 (RD0076P27), 101 links (RD0076P28), 102 oben links (RD0076T02), 103 (ZBE-Q1030)
Karl Stankiewitz: 62 rechts, 107 oben
Hans Thomma: 47 oben rechts
timeline images (die Fotocommunity der Süddeutschen Zeitung): 12 links, 19 unten links und rechts, 23, 26, 27, 29 rechts, 32 unten, 33 rechts, 35 rechts, 36, 37, 40, 41 unten, 47 unten rechts, 53–57, 61, 64, 65, 67 oben, 70 oben, 75 rechts, 76, 77, 78 oben, 79 rechts, 80–81, 82 links, 102 unten links, 107 unten, 118 links und unten rechts, 119–121, 133, 140, 142 oben, 143, 144 oben links
University of Maryland: 18 unten
Kurt Wagner: 48 oben rechts, 49 unten rechts
Private Bestände: 7, 11, 19 rechts oben, 42–45, 46 unten links, 59, 60, 66 links, 67 unten, 79 links, 83 rechts, 109–113, 141, 144 unten rechts, 146–147

Trotz intensiver Bemühungen konnten wir nicht alle Inhaber von Bildrechten ausfindig machen. Für entsprechende Hinweise sind wir dankbar.

Die Deutsche Bibliothek verzeichnet diese Publikation in der Deutschen Nationalbibliografie; detaillierte bibliografische Daten sind im Internet über http://dnb.ddb.de abrufbar.

Tel. 089/420 79 69 80; Fax 089/420 79 69 86
Druck: Kösel, Krugzell

ISBN 978-3-86222-158-5
www.volkverlag.de